Nikolaus Nützel · Dr. Hannes Blankenfeld

JUGEND IN GEFAHR!

19 TIPPS, WIE DU DEINEN 20. GEBURTSTAG ERLEBST. UND DEN 100. VIELLEICHT AUCH NOCH.

cbj

cbj
Kinder- und Jugendbuchverlag
in der Verlagsgruppe Random House

Bildnachweis:
Alle Fotos stammen von Nikolaus Nützel, mit Ausnahme von:
Bulls Pressedienst: 88 (www.nichtlustig.de); Gettyimages: 33 (Lisa Maree Williams);
Picture Alliance: 13 (Britta Kollenbroich), 25 (dpa/DB Sophie Wolfbauer),
28 (AFP/epa/Robin Beck), 30u. (Globe Photos/Sonia Moskowitz),
46 (dpa/Frank Leonhardt), 60 (DB Vier Pfoten), 63 (Akg-images), 65 (dpa/Soeren Stache),
68 (Westend 61/Martin Siepmann), 69 (Mc Photos), 70 (dpa/Uli Deck),
77 (AP/Efrem Lukatsky), 78 (dpa/Schachtanlage Asse), 83 m. (Okapia/Neufried),
100 (Stephan Schraps/Geisler-Fotopress), 148 (Erich Lessing), 152 (MAXPPP/Fred Haslin),
159 (dpa/Patrick Seeger), 160 li., 160 re. (Keystone Jeff Frank), 161 li. (gbrci/Geisler-Fotopress),
161 re. (Kathy Hutchins), 162 li. (dpa-Zentralbild/Stefan Sauer),
162 re. (dpa/Karl-Josef Hildenbrand); Thinkstock: 83 li. (Istock/C Ginspiration),
83 re. (Istock/Australis Photography), 91 (Istock/Mark Kostich),
139 (Istock/Arthur Braunstein); Wikipedia/Creative Commons: 9 u. (Wmpearl);
Zentrum für Krebsregisterdaten im Robert Koch-Institut: 102.

FSC
www.fsc.org
MIX
Aus verantwortungsvollen Quellen
FSC® C005833

Verlagsgruppe Random House FSC® N001967
Das für dieses Buch verwendete FSC®-zertifizierte
Papier *Profibulk* von Sappi liefert IGEPA.

1. Auflage 2015

Lektorat: Uwe-Michael Gutzschhahn
Kapitelvignetten: Hannes Blankenfeld
Bildredaktion: Tanja Zielezniak
Einbandgestaltung: init | Kommunikationsdesign, Bad Oeynhausen
aw · Herstellung: aj
Satz: Buch-Werkstatt GmbH, Bad Aibling
Druck: Těšínská tiskárna, a.s., Český Těšín
ISBN 978-3-570-15976-7
Printed in the Czech Republic

www.jugend-in-gefahr.de
www.cbj-verlag.de

Inhalt

1 Der Todeskuss der Kokosnuss

Was tropische Baumfrüchte und Haie mit dem Kampf ums Überleben in Deutschland zu tun haben

Diese Frucht ist ein Killer. Hinter ihrer vermeintlich harmlos-haarigen braunen Schale verbirgt sich tödliche Gefahr. Wenn sie einem Menschen aus 30 Metern Höhe auf den Kopf fällt, dann ist das für den Schädel so, als ob er beim Motorradfahren mit fast 100 Stundenkilometern gegen eine Betonmauer knallt. Ohne Helm. Das hält kein Kopf aus.

Die Warnung vor der tödlichen Gefahr der Baumfrucht findet sich in einem wissenschaftlichen Artikel, den der Mediziner Peter Barss geschrieben hat.

Vor Kokosnüssen wird gewarnt!

Der Titel: »Injuries due to falling coconuts« – auf Deutsch: »Verletzungen durch fallende Kokosnüsse«.

Und diese Frucht ist ein Serientäter. Jeden zweiten Tag sucht sie sich ein neues Opfer. So kann man es zumindest immer wieder in Zeitungen und Internettexten lesen. »Jedes Jahr werden weltweit durchschnittlich 150 Menschen an Stränden von einer herabfallenden Kokosnuss erschlagen«, so schrieb es die hochseriöse *Frankfurter Allgemeine Zeitung* am 9. Juli 2002. In den folgenden Jahren fand sich dieselbe Information unter anderem in der nicht weniger seriösen *Süddeutschen Zeitung,* in der Zeitung *Die Presse* aus Wien oder auch in der *Bild*.

Doch es kommt noch schlimmer. Die Kokosnuss ist eine völlig unterschätzte Gefahr! Sie ist um ein Vielfaches gefährlicher als der mörderischste Meeresbewohner, der Hai. So hat es im Jahr 2002 Robert Hueter in die Welt gesetzt. »Sie haben ein 15 Mal höheres Risiko, von einer Kokosnuss getötet zu werden als von einem Hai«, rechnete es der Direktor des Mote Marine Laboratory in Sarasota, Florida vor. Denn jedes Jahr sterben etwa zehn Menschen bei Hai-Attacken. Der Amerikaner wollte damit Urlaubern eine Sorge nehmen: Wer im Meer badet, muss keine große Angst vor Haien haben. Er kann sich auf den beruhigenden Zahlen der Statistik treiben lassen wie auf einer Luftmatratze.

Klingt alles völlig einleuchtend, oder? Die Wissenschaft hat festgestellt: Der Todeskuss der Kokosnuss ist weit gefährlicher als der gierige Biss eines Hais.

Ist aber leider weitgehend Unsinn. Quatsch. Humbug.

Lehrreicher Unsinn immerhin. Humbug, aus dem man auch für das Leben in Deutschland – fernab von Palmenstränden und Hairevieren – einiges lernen kann. Etwas lernen fürs Leben und Überleben. Etwas lernen über den richtigen Umgang mit Gefahren, Risiken, Angst, Tod und allem, was zum Dasein sonst noch dazugehört.

Denn Kokosnuss und Hai können helfen, wichtige Fragen zu stellen:

Woher bekomme ich Informationen darüber, was gefährlich ist?
Woher weiß ich, ob ich diesen Informationen trauen kann?
Wie kann ich unterscheiden, was gefährlich ist und was nur gefährlich scheint?
Wie kann ich erkennen, was für mich selbst gefährlich ist und was eher im Leben anderer Menschen eine Gefahr bedeutet?

Die Wurzel der Legende

Gehen wir diese Fragen mal mit Hai und Kokosnuss durch. Informationen darüber, dass Kokosnüsse weit gefährlicher sind als Haie, finden sich im Internet an Dutzenden Stellen. Zeitungen und Radiosender wiederholen sie in regelmäßigen Abständen. Was allerdings auffällt: Dabei werden immer wieder die gleichen Zahlen verwendet, ohne dass jemand genau weiß, wo diese Daten eigentlich herkommen. »Urban legend« (oder auf Deutsch: moderne Sage) nennen es Gesellschaftswissenschaftler, wenn sich eine Behauptung irgendwann als vermeintliche Wahrheit festsetzt.

Eine solche Behauptung hat manchmal einen wahren Kern. So auch bei den Kokosnüssen. Dass die tödlich sein können, ist erwiesen. Der kanadische

Mediziner Peter Barss hat die Erfahrungen, die er als Krankenhausarzt im tropischen Papua-Neuguinea mit Kokosnussverletzungen gesammelt hat, 1984 in einem wissenschaftlichen Aufsatz verarbeitet. Er beschreibt darin vier schwere Kopfverletzungen. Zwei der Patienten sind gestorben. Der Aufsatz von Barss gilt als der Ursprung der Story von der tödlichen Kokosnuss.

Wie allerdings aus zwei Toten in Papua-Neuguinea 150 Tote weltweit wurden, ist unklar. Es lässt sich nirgends ausmachen, wer erstmals ausgerechnet hat: »Wenn in Papua-Neuguinea zwei Menschen durch Kokosnüsse sterben, dann werden es weltweit wohl 150 sein.« Eine Erklärung, woher die Zahl kommt, hat ein Forschungsinstitut geliefert, das sich in Australien mit Haien beschäftigt: »Jemand hat die Zahl von 150 Toten einfach aus der Luft gegriffen.« Womit die Frage, ob man dieser Zahl trauen kann, beantwortet sein dürfte: Nein.

Bei der Suche nach dem Erfinder der Zahl 150 gibt es einen Hauptverdächtigen. Im Februar 2002 benutzte eine britische Versicherungsfirma die Behauptung »Kokosnüsse sind gefährlicher als Haie«, um auf eine Reisepolice aufmerksam zu machen. Hier lässt sich gleich noch etwas lernen: Sobald ein Wirtschaftsunternehmen (das üblicherweise finanzielle Interessen verfolgt) seine Finger im Spiel hat, wird der Umgang mit Zahlen besonders heikel. Die britische Versicherung erzielte mit ihrer Meldung den gewünschten Effekt: beträchtliche Aufmerksamkeit. Die Behauptung löste eine ganze Welle von Presseartikeln aus. Seitdem ist die Botschaft »Jährlich 150 Tote durch Kokosnüsse« nicht mehr totzukriegen.

Sauberer ist die Datenlage über die Zahl der Menschen, die von Haien getötet werden. Denn hier zählen Behörden auf der ganzen Welt mit. Und diese Zählungen ergeben: In einem Jahr sterben mal acht Menschen durch Haie, in einem anderen Jahr sind es zwölf, in wieder einem anderen Jahr sind es zehn. Man kann deshalb – gestützt auf eine halbwegs saubere Statistik – der Information vertrauen: Jedes Jahr töten Haie weltweit etwa zehn Menschen.

Wir haben also eine weitgehend erfundene Zahl (Tote durch Kokosnüsse) und eine halbwegs sauber erhobene Zahl (Tote durch Haie). Was haben wir, wenn wir beide zusammenmischen? Eine unsinnige Behauptung: »Kokosnüsse sind 15-mal tödlicher als Haie.«

Nicht nur an diesem Strand in Brasilien ist man der Meinung: Haie können gefährlich sein.

Aber was lässt sich daraus nun für das Leben in Berlin, Bottrop oder Bamberg lernen? Ganz im Ernst: einiges.

Wir können etwas darüber lernen, ob es wirklich vernünftig ist, wenn Eltern einem 16-jährigen Mädchen verbieten, im Winter nachmittags um fünf auf die Straße zu gehen, weil es ja im Dunkeln Opfer eines Gewaltverbrechens werden könnte. Denn dabei geht es ebenso um das richtige Verstehen von Statistiken wie bei den Zahlen über Haie und Kokosnüsse. Und wir können noch viel mehr lernen. Etwa hierüber:

Wie groß ist die Gefahr, als Jugendlicher mal völlig durchzudrehen, ein Psycho zu werden? Auch hier geht es um Wahrscheinlichkeiten und Zahlen.

Wie riskant ist ungeschützter Sex wirklich?
Wie gefährlich ist Radfahren oder Autofahren im Vergleich zu Zugfahren oder mit dem Flugzeug fliegen?
Was für Gedanken gingen durch den Kopf von Angelina Jolie, als sie sich im Jahr 2013 die Brüste zum großen Teil hat abnehmen lassen? Sie hat diese Entscheidung auf der Grundlage von Zahlen getroffen.

Statistiken und Wahrscheinlichkeiten können also höchst lebendig sein. Und beim Überleben helfen. Oder wenigstens beim sorgenfreien Leben.

Vor welchen Risiken einen die Benutzung von Klötzen beim Zugriff auf die Gebiet-Wanne schützt, lässt dieses Schild an einem Swimmingpool in Italien leider offen.

Wenn es also stimmt, was hinter dem Motto YOLO steht (You Only Live Once – du lebst nur einmal), dann sollte man doch wohl zwei Sachen beherzigen:

Zusehen, dass dieses Leben nicht früher zu Ende geht, als man es eigentlich möchte.
Zusehen, dass dieses Leben frei von Ängsten ist, die man sich sparen kann.

Beides gehört zusammen. Tipps dazu enthält dieses Buch.

! Überlebenstipp 1:

Verstand einschalten …
… und weiterlesen.

2 Die irre Angst

Warum die Angst vor Kriminalität möglicherweise mehr Schaden anrichtet als die Kriminalität selbst

Das Ganze ist Anna reichlich peinlich. Es ist fünf Uhr nachmittags an einem Tag im Dezember. Sie ist sechzehn Jahre alt. Und sie muss nach einer Veranstaltung in der Bücherei ihrer Heimatstadt die Bibliothekarin bitten, sie nach Hause zu begleiten. Denn Annas Eltern finden: Das Mädchen muss davor geschützt werden, Opfer eines Verbrechens zu werden. Zumindest im Winter, wenn es um fünf bereits dunkel ist.

Anna hat die Statur einer jungen Frau. Aber das beruhigt die Eltern nicht. Im Gegenteil, sie machen sich gerade deshalb zusätzliche Sorgen. Sie haben nicht nur Angst vor Räubern, sondern auch vor Vergewaltigern. Oder noch schlimmer: dass die 16-Jährige zuerst missbraucht und anschließend auch noch getötet wird.

»Diese Angst ist völlig übertrieben und schränkt die Möglichkeiten des Mädchens ein, eigene Erfahrungen zu machen.« Das meint dazu der langjährige Leiter des Kriminologischen Forschungsinstituts Niedersachsen, Christian Pfeiffer. Er stützt sich dabei auf eine beträchtliche Reihe von Zahlen. Wenn es um Kriminalität und Verbrechen geht, muss man viele Statistiken zwar ganz genau betrachten, um sie richtig verstehen zu können. Einige Daten sprechen aber für sich.

Man darf vermuten, dass diese »Videoschutzanlage« vor Gewaltattacken im Zug bewahren soll. Das wird ihr höchstens indirekt gelingen – indem sie möglichen Tätern Angst vor Beobachtung macht.

So liegt die Zahl der Jugendlichen, die Opfer von Mord oder Totschlag wurden, in der amtlichen deutschen Polizeistatistik für das Jahr 2012 bei exakt null. Das heißt, in diesem Jahr ist kein einziger Fall bekannt geworden, bei dem in Deutschland ein Jugendlicher im Alter von 14 bis 18 Jahren durch eine Gewalttat getötet wurde.

Wenn Kinder oder Jugendliche durch Gewalt sterben, gibt es so gut wie kein sogenanntes Dunkelfeld. Fast alle solche Fälle werden bekannt. Das wiederum heißt: Die offiziellen Zahlen über »Tötungsdelikte«, wie es im Amtsdeutsch heißt, bilden ziemlich genau die Wirklichkeit ab. Und diese Wirklichkeit sieht so aus: Es passiert in Deutschland sehr selten, dass Jugendliche durch Gewalt sterben. In manchen Jahren gibt es keinen einzigen solchen Fall zwischen Flensburg und Garmisch-Partenkirchen.

Zahlen in der Finsternis

»Dunkelziffer« oder »Dunkelfeld« – davon sprechen Fachleute oft, wenn es um Verbrechen geht, von denen die Polizei nichts erfährt. Wenn ein zwölfjähriges Mädchen von seinem Onkel immer wieder begrapscht wird und sie keinem davon erzählt, dann taucht dieser Fall nie in einer Statistik auf. Nur wenn sie jemandem davon berichtet und die Polizei ermittelt, wird daraus eine »Straftat gegen die sexuelle Selbstbestimmung«, die auch in der Statistik gezählt wird. Schätzungen über solche Dunkelziffern können sehr wichtig sein. In einigen Bereichen – wie etwa sexueller Missbrauch – kann nur mit solchen Zahlen klar werden, wie groß ein Problem wirklich ist. Allerdings bringen Dunkelziffern auch selbst ein Problem mit sich. Es besteht immer die Gefahr, dass jemand eine völlig willkürliche Schätzung in die Welt setzt und behauptet: »Das ist die Dunkelziffer.« Dann stiftet eine solche Zahl mehr Verwirrung als Klarheit.

Verzerrte Aufmerksamkeit

Warum haben dann Eltern wie die von Anna solche Angst davor, dass ihren Töchtern oder Söhnen etwas geschehen könnte? Der Grund ist einfach: Über die extrem seltenen Fälle, in denen Jugendliche oder Kinder getötet werden, berichten die Medien extrem ausführlich. Als beispielsweise im März 2014 in Schleswig-Holstein die 18-jährige Lisa Marie B. von ihrem 16-jährigen Bekannten Lukas M. erwürgt wurde, waren Zeitungen und Internetportale voll von Berichten. Bad news are good news, lautet seit Jahrzehnten eine Grundregel des Journalismus. »Gestern wieder alle deutschen Kinder und Jugendlichen heil nach Hause gekommen« ist kei-

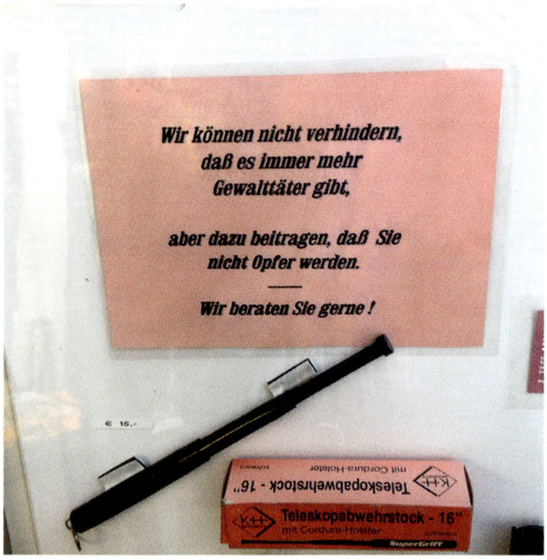

Der Besitzer dieses Waffenladens irrt. Es gibt nicht »immer mehr Gewalttäter«. Wahrscheinlich hofft er aber auf immer mehr Käufer für den Teleskopabwehrstock.

ne brauchbare Schlagzeile. »Mädchen auf dem Nachhauseweg getötet« hingegen wird millionenfach gelesen.

Wenn 15- oder auch 17-Jährige umgebracht werden, sind das also ausgesprochen seltene Einzelfälle. Etwas anders liest sich die Statistik bei Kindern bis zum Alter von 14 Jahren. Im Jahr 2014 zum Beispiel starben in Deutschland insgesamt 108 Kinder durch Gewalt oder Vernachlässigung. Sie sind also in einer weit größeren Gefahr, durch Gewalt zu sterben, als Jugendliche. Dabei muss man aber eines wissen: Wenn Kinder sterben, dann sind meist ihre eigenen Eltern die Täter. Das wiederum geschieht in den allermeisten Fällen in Familien, die die Kontrolle über ihr Leben verloren haben. Die Medienberichte klingen oft auf furchtbare Weise ähnlich:

Kleve: 30-Jähriger tötet zehn Wochen alten Säugling.
Limburg: 29-jähriger Vater schüttelt zehn Monate altes Kind zu Tode.
Soest: 21-jährige Mutter lässt vier Monate altes Baby verdursten.

Rund ein Drittel der Kinder, die durch Gewalt sterben, werden direkt nach der Geburt von der eigenen Mutter umgebracht – weil die von der neuen Situation völlig überfordert ist. Oder Väter verlieren die Nerven und schütteln ein schreiendes Baby mit aller Kraft. Dadurch kann der empfindliche Säugling Verletzungen im Kopf erleiden und sterben.

Jeder einzelne solche Fall ist furchtbar. Und man muss alles tun, damit es immer weniger solche Fälle gibt. Dabei gibt es auch Erfolge. Über die vergangenen 20 Jahre hinweg wurden Kinder immer seltener Opfer tödlicher Gewalt. Gleichzeitig muss man aber auch feststellen: Wenn Eltern ihre 16-jährige Tochter ab fünf Uhr nachmittags nicht mehr auf die Straße lassen, weil sie Angst haben, dass das Mädchen umgebracht werden könnte, dann ist das kein vernünftiger Umgang mit echten Risiken.

Und wie sieht es mit Vergewaltigungen aus? Jugendliche werden immer wieder Opfer von »Straftaten gegen die sexuelle Selbstbestimmung«, wie es im Polizeideutsch heißt, vor allem Mädchen. Die entsprechende Zahl aus der Polizeistatistik ist nicht niedrig: rund 3000 Fälle pro Jahr. Dazu kommt noch eine unbekannte Zahl an Fällen, von denen die Polizei nichts erfährt. Allerdings gilt auch hier: Nächtliche Straßen sind bei Weitem nicht der gefährlichste Ort, wenn es um sexuelle Gewalt geht. Da ist das eigene Zimmer gefährlicher. In mehr als der Hälfte der Taten, bei denen die Polizei eingeschaltet wurde, war der Täter ein Familienangehöriger oder Bekannter. Und bei den Fällen, die im Dunkeln bleiben, dürfte der Anteil der Väter, Stiefväter, Onkel oder Großväter noch größer sein (Fälle, in denen Frauen solche Straftaten begehen, sind im Vergleich ausgesprochen selten). Denn die Hemmschwelle, gegen jemanden aus der Familie die Polizei einzuschalten, ist besonders hoch.

Natürlich gibt es immer wieder beängstigende Berichte darüber, dass Mädchen oder Frauen auf der Straße überfallen und missbraucht werden. So wie die zwölfjährige Franziska, die Anfang 2014 im oberbayerischen Möckenlohe von einem Fremden vergewaltigt und erschlagen wurde. Solche Verbrechen sind einfach nur schrecklich. Auch hier gilt: Taten wie diese geschehen ausgesprochen selten. Aber wenn sie passieren, sorgen sie für viele Schlagzeilen und Berichte, die leicht den Eindruck erwecken, es bestünde eine besonders große Gefahr, von Unbekannten unter freiem Himmel angegriffen und vergewaltigt zu werden. Vielleicht war so ein Bericht der Grund dafür, dass Eltern wie etwa die der 16-jährigen Anna ihre Tochter nicht bei Dunkelheit allein auf die Straße lassen. Doch wie die Zahlen der Polizeistatistik zeigen, sind Vergewaltiger meist keine Wildfremden. Es sind oft Menschen, die die späteren Opfer vorher schon kannten. Es gibt kein Patentrezept, wie Jugendliche sich vor solcher Gewalt schützen können. Angst vor dunklen Straßen ist aber sicher nicht das richtige Rezept. Es geht eher um Stärke, Selbstvertrauen und die Fähigkeit, Situationen richtig einzuschätzen.

Die Illusion der Sicherheit – die Illusion der Gewissheit

Und dann gibt es noch Fälle wie den Absturz des Germanwings-Airbus A320 am 24.03.2015. Der 27-jährige Copilot beendete – nach allen verfügbaren Ermittlungsergebnissen der Mordkommission, die anschließend eingeschaltet wurde – sein Leben, indem er das Flugzeug in den Alpen zerschellen ließ. Die anderen 149 Menschen an Bord, die er mit in den Tod riss, waren ihm hilflos ausgeliefert, darunter eine Gruppe von 16 deutschen Schülern und ihren beiden Lehrerinnen. Solche unvorstellbar entsetzlichen Dinge geschehen. Sie machen eines deutlich: Es gibt im Leben keine absolute Sicherheit.

Der Absturz des Flugzeugs zeigt sogar auf makabre Weise, wie das Streben nach absoluter Sicherheit dazu beitragen kann, dass Leben in Gefahr geraten. Ein Grund dafür, dass der Copilot den Airbus zum Absturz bringen konnte, lag darin, dass es ihm gelang, sich alleine im Cockpit einzusperren. Die Fluggesellschaften haben die entsprechenden Vorrichtungen eingebaut, um Flugzeugentführungen zu verhindern, wie sie am 11. September 2001 geschehen waren. Man weiß nicht, ob sich der Absturz des Germanwings-Airbus hätte verhindern lassen, wenn es diese Sicherheitsvorrichtungen nicht gegeben hätte – aber vieles spricht dafür.

Eine Idee aus Bremen, wie man Verletzungen durch Waffen vorbeugt: Die Waffen verbieten. Aber interessanterweise nur nachts.

Viele Menschen in der modernen Welt glauben, man könne alles in den Griff bekommen. Wer alles richtig macht, in dessen Leben kann nichts schiefgehen. Wer nur tagsüber auf die Straße geht und gefährliche Gegenden meidet, wird nie Opfer von Gewalt. Wer sich beim Radfahren immer brav umschaut und einen Helm aufsetzt, wird sich nie schwer verletzen. Wer sich stets an die Baderegeln hält, wird nicht ertrinken. Wer sich in der Schule eine gute Ausbildung verschafft und vernünftig mit Geld umgeht, wird nie arm sein. Wer sich gut ernährt, ordentlich Sport treibt und regelmäßig zum Arzt geht, wird nicht unerwartet von einer bösen Krankheit erwischt. Schön wär's.

Stimmt aber leider nicht. Der Formel-1-Gott Michael Schumacher hat – wie es aussieht – nicht viel falsch gemacht, als er im Dezember 2013 beim

Skifahren stürzte. Er ist nur wenig von der offiziellen Piste abgewichen und er war nicht besonders schnell unterwegs. Er trug einen Helm. Dennoch hat er einen verheerenden Unfall erlitten. Das Risiko, sich zu verletzen, lässt sich verringern; auch das Risiko, krank zu werden, lässt sich senken. Aber niemals auf null.

Auch wenn es um die Wahl der Schule, der Ausbildung, des Berufs geht, gilt: Welche Entscheidung die richtige ist, kann man nie mit Gewissheit sagen. Jeder kann die Kontrolle über sein Leben verlieren. Jeden kann jede Krankheit erwischen. Jeder kann Unfälle erleiden, Verbrechensopfer werden. Es gibt keine absoluten Sicherheiten. Damit muss man leben und umgehen. Der Trick ist: die Risiken, die es im Leben gibt, richtig einschätzen und sich nicht verrückt machen lassen.

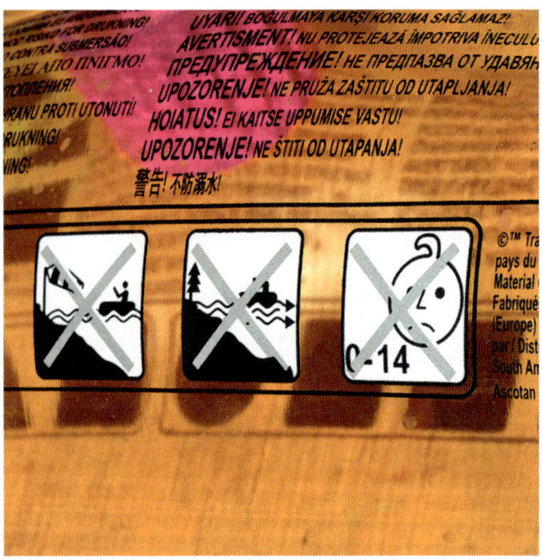

Auch eine Möglichkeit, vermeintliche Sicherheit zu schaffen – hier die Sicherheit vor einer falschen Verwendung einer Luftmatratze durch Kinder und Jugendliche: einfach allen bis einschließlich 14 die Benutzung verbieten.

Do the right thing

Es gibt also Risiken. Eines davon ist zum Beispiel, dass das Flugzeug, mit dem man in den Urlaub fliegt, abstürzt. Soll man deswegen nicht mehr verreisen? Oder zumindest nicht mehr mit dem Flugzeug? Und auf was sollte man dann noch alles verzichten? In der U-Bahn oder im Bus könnte auch ein Wahnsinniger neben einem stehen, der plötzlich ein Messer zückt und es einem in den Bauch stößt. Oder an der Supermarktkasse könnte ein Verrückter lauern. Oder im Kino. Die Menschen, die sich am 20. Juli 2012 in der amerikanischen Stadt Aurora den Film »Batman – The Dark Knight Rises« ansehen wollten, hatten nicht damit gerechnet, dass ein Amokläufer zwölf Zuschauer töten und 58 verletzen würde. Soll man also zu Hause bleiben, Kontakte mit der Außenwelt nur noch online und per Telefon halten? Weil man nur auf diese Weise in Sicherheit zu leben glaubt? Das kann es nicht sein. Also muss man mit den Risiken, die das Leben mit sich bringt, umgehen. Vernünftig umgehen. Und dazu gehört der vernünftige Umgang mit Statistiken.

Dieser Umgang ist allerdings oft nicht ganz einfach. Wenn es beispielsweise um Kriminalität geht, vermitteln einzelne Zahlen meist einen missverständlichen Eindruck. Mitunter sind sie extrem irreführend. Beispiel »Jugendkriminalität«: Wenn man in der Polizeistatistik die sogenannte »Tatverdächtigenbelastungszahl« anschaut, hat man den Eindruck, Deutschland werde von kriminellen Jugendlichen terrorisiert.

Die »Tatverdächtigenbelastungszahl« gibt an, wie viele von 100 000 Menschen in einer bestimmten Gruppe verdächtigt werden, etwas Kriminelles getan zu haben. Für Jugendliche und Heranwachsende liegt diese Zahl rund dreimal höher als für Erwachsene. Heißt das, dass junge Leute dreimal so kriminell sind wie Erwachsene? Dreimal so oft Einbrüche, Morde, Vergewaltigungen begehen? Nein, sicher nicht. Vielmehr gibt es Straftaten, die bei manchen Jugendlichen einfach zum Lebensgefühl dazugehören, mit denen sie aber ab einem gewissen Alter meist aufhören.

Am häufigsten haben Jugendliche Ärger mit der Polizei wegen Körperverletzung, Ladendiebstahl, Sachbeschädigung und Drogen. Sprich: Es

Ausgeraubt zu werden ist in Deutschland so unwahrscheinlich, dass es von Eisenbahnbetreibern nicht als Ausrede fürs Schwarzfahren akzeptiert wird.

müssen keine Schwerkriminellen sein, die da in der Statistik auftauchen. Vielmehr sind viele 16- oder 17-Jährige dabei, die sich ab und zu mit Gleichaltrigen prügeln, mal eine Flasche Wodka im Supermarkt mitgehen lassen, Wände mit Spraydosen verunzieren und Cannabis rauchen. Alles nichts, was man gut finden muss. Aber auch nichts, wovor man als braver Durchschnittsmensch Angst haben muss.

Und gerade wenn es um Gewaltkriminalität geht, gilt heute vieles als kriminell, was vor wenigen Jahrzehnten noch zum Alltag gehörte. So haben bei einer Befragung des Kriminologischen Forschungsinstituts Niedersachsen 11,1 Prozent der Jugendlichen angegeben, sie seien im vorangegangen Jahr Opfer einer Körperverletzung geworden. Der ehemalige Leiter des Instituts, Christian Pfeiffer, will solche Zahlen nicht kleinreden. Aber er erklärt: »Da gehört der Schlag auf den Oberarm ebenso dazu wie die Ohrfeige.«

In dem Kinderbuch *Der kleine Nick* heißt es: »Wir haben uns alle gehauen, und wir haben geschrien und viel Spaß gehabt, es war klasse.« In einer Kriminalstatistik müsste das unter »Körperverletzung« laufen. Prügeleien auf dem Schulhof gehörten vor einigen Jahrzehnten, als der *Kleine Nick* erfunden wurde, in gute Kinderbücher einfach hinein.

Früher Elternpflicht, heute verboten: Kinder schlagen

In der Bibel steht es klipp und klar: Eltern sollen Kinder schlagen. »Rute und Tadel gibt Weisheit«, heißt es im heiligen Buch der Christen. Oder auch: »Züchtige deinen Sohn, solange Hoffnung da ist, aber lass dich nicht hinreißen, ihn zu töten.« Kinder zu schlagen, galt als richtig und angemessen, als vor langer Zeit die Bibel aufgeschrieben wurde. Doch auch in einem Lehrbuch über die Gesellschaftswissenschaft Soziologie wird geschildert, wie ein Onkel seinen Neffen schlägt. Das Buch wurde auf Deutsch erstmals im Jahr 1969 veröffentlicht. Noch in einer aktuellen Ausgabe aus dem Jahr 2013 wird das Verprügeln des »ungezogenen Sprösslings« als »legitime Ausübung von Onkelpflichten« bezeichnet. In dem Bilderbuchklassiker »Die Häschenschule« hat der Lehrer ursprünglich einen Stock unterm Arm, mit dem er die Kinder schlägt. Dieser Stock ist bei modernen Ausgaben nicht mehr zu sehen, aber der Hasenlehrer zieht seine Schüler immer noch schmerzhaft am Ohr. Früher galt also: Dass Erwachsene Kinder schlagen, gehört dazu. Heute ist die Sache, zumindest in Deutschland, völlig anders. Seit dem Jahr 2000 steht im Bürgerlichen Gesetzbuch (§ 1631): »Kinder haben ein Recht auf gewaltfreie Erziehung. Körperliche Bestrafungen, seelische Verletzungen und andere entwürdigende Maßnahmen sind unzulässig.« Wenn Erwachsene Kinder schlagen, galt das früher sozusagen als ihre Pflicht. Heute verstoßen sie damit gegen das Gesetz.

Früher war klar: Der Häschenlehrer guckt nicht nur böse, er schlägt auch mit der Rute. Heute muss ein strenger Blick genügen.

Weniger Gewalt? Das kann doch nicht stimmen!

»Es gibt weniger Gewalt unter Jugendlichen als früher.« Viele sagen, wenn sie so einen Satz lesen, reflexhaft: »Kann nicht stimmen! Und wenn es doch stimmt, dann ist die Gewalt heftiger geworden. Schläger hören heute nicht mehr auf zu treten, wenn einer am Boden liegt. Früher war das anders!« Als Ergänzung zu so einem Einwand könnten dann Argumente wie diese kommen: »Denk doch an an Tuğçe Albayrak, die im November 2014 gestorben ist, nachdem ein 18-Jähriger ihr gegen den Kopf geschlagen hat!«

Aber diese entsetzlichen Einzelfälle ändern nichts daran: Es lässt sich nicht mit Zahlen belegen, dass jugendliche Schläger früher schneller wieder aufgehört haben zu treten oder zu prügeln. Daten über schwerwiegende Verletzungen bei Schulhofschlägereien zeigen im Gegenteil: Das Ausmaß wirklich grober Gewalt ist in den vergangenen Jahren zurückgegangen. Die Zahl der Fälle, in denen Schüler auf dem Schulgelände krankenhausreif geschlagen wurden, ist seit Ende der 90er-Jahre deutlich gesunken. Diese Fälle werden weitgehend lückenlos erfasst, weil sogenannte »Raufunfälle« den öffentlichen Unfallkassen gemeldet werden müssen. Wenn man seinen Blick auf einzelne Fälle richtet, sieht man also etwas völlig anderes, als wenn man das Gesamtbild zu erfassen versucht.

Gewalt digital

Allerdings sind in den vergangenen Jahren auch ganz neue Formen von Gewalt entstanden. Wer in den 1950er- oder 1960er-Jahren geboren ist, musste sich als Jugendlicher nicht vor Cybermobbing oder Sexting fürchten. Er hätte diese Worte gar nicht verstanden. Dass manche Jugendliche anderen übel mitspielen, sie öffentlich heruntermachen, ist zwar nicht neu. Internetplattformen oder Smartphones eröffnen hier allerdings eine ganz neue Welt. Nach einer Umfrage des Hightech-Branchenverbandes Bitkom aus dem Jahr 2015 ist einer von sieben Jugendlichen schon einmal im Internet gemobbt worden. Das wären Hunderttausende.

Und nicht nur die Zahl der Fälle hat schnell zugenommen. Auch die Qualität des Psychoterrors hat sich verändert. Cybermobbing kann weit grausamer sein als das, was früher unter der Überschrift »Hänseln« lief. Wenn ein Schüler auf dem Pausenhof ausgelacht wird, weil ihm jemand einen Zettel mit der Aufschrift »Ich bin doof« auf den Rücken geklebt hat, dann ist das nicht schön. Aber es ist doch eher harmlos. Zudem lässt sich der Zettelkleber meistens ausfindig machen. Eine ganz andere Dimension hat die Sache, wenn im Internet über ein Mädchen gepostet wird: »Ich treib's mit jedem«, samt Bild und Handynummer. Das ist definitiv nicht harmlos. Gleichzeitig ist es für die Täter einfach, sich im Netz in der Anonymität zu verstecken. Und anonyme Mobber haben nicht die Hemmschwelle, die sie in der Öffentlichkeit – etwa eines Schulhofes – vielleicht doch hätten.

Die Logik des Schreckens

Beim Thema Gewalt ist es allerdings oft nicht einfach, neue Entwicklungen richtig zu bewerten. Und es ist schwer, nicht auf einzelne Ereignisse zu schauen, sondern auf das ganze Bild. Beispiel Terror: Selbst wenn man eine völlig unvollständige Liste einzelner Anschläge aufstellt, ist das Ergebnis beängstigend:

11. September 2001, New York: mehr als 3000 Tote
11. März 2004, Madrid: 192 Tote
22. Juli 2011, Oslo/Utøya: 77 Tote
07. Januar 2015, Paris: 17 Tote

Dutzende Tote durch einen Attentäter wie den Norweger Anders Behring Breivik, Hunderte Tote bei Anschlägen in Spanien, Tausende Tote bei der Zerstörung des World Trade Center in New York. Bis auf die Mitarbeiter des französischen Satiremagazins *Charlie Hebdo,* die im Januar 2015 ganz gezielt getötet wurden, alles ganz normale Bürger, die durch reinen Zufall zu Opfern von Mördern wurden. Soll man da nicht Angst bekommen, wenn man so etwas liest?

Kann das klare Denken vernebeln: Terrorwarnung in der U-Bahn von Washington.

Nein, sollte man nicht. Es gilt weiterhin, was schon seit Jahrzehnten gilt: Die Gefahr, in Deutschland, Frankreich oder den USA durch ein Attentat getötet oder verletzt zu werden, ist verschwindend gering. Im Vergleich zu Ländern wie Pakistan, Irak, Jemen oder Somalia, die laufend von Terroranschlägen erschüttert werden, oder Ländern, in denen Bürgerkriege herrschen, ist der Großteil der Welt friedlich. Die Wahrscheinlichkeit, im Straßenverkehr zu sterben, ist in Europa oder den USA um ein Vielfaches höher als die Wahrscheinlichkeit, Opfer eines Attentats zu werden oder in einem Krieg ums Leben zu kommen.

Natürlich ist jeder einzelne Mensch, der durch Terroristen stirbt oder verletzt wird, einer zu viel. Aber mit Angst vor einem Anschlag durch Berlin, Hamburg oder Wien zu laufen, ist schlicht nicht vernünftig. Das lateinische Wort »Terror« heißt auf Deutsch »Schrecken«. Den zu verbreiten, ist das wichtigste Ziel von Terroristen. Die vernünftige Antwort auf Terroranschläge ist daher, sich nicht verängstigen zu lassen. Die richtige Antwort ist, kühl darüber nachzudenken und zu diskutieren, was man unternehmen kann, um Terroranschlägen vorzubeugen.

Eine kurze, schnelle Antwort lässt sich da nicht geben. Ob es sinnvoll ist, alle Onlinebotschaften, E-Mails, Telefonate, Flugreisen ganz normaler Bürger lückenlos zu überwachen, um Terror zu verhindern, darüber kann man heftig debattieren. Sicher ist allerdings eines: Was Terroristen immer brauchen, sind Waffen – Gewehre, Sprengstoff, Pistolen. *Eine* Antwort auf die Frage »Was lässt sich gegen Terror tun?« ist also in jedem Fall richtig: verhindern, dass Verbrecher Waffen in die Hände bekommen.

! Überlebenstipp 2:

Das Risiko, Opfer von Kriminalität zu werden, ist für Jugendliche in Deutschland gering. Es gilt also eine Grundregel des gesunden Menschenverstandes: sich nicht an Orte begeben, die einem nicht geheuer sind. Sich nicht mit allzu zwielichtigen Leuten einlassen. Dann geschieht einem als Durchschnittsjugendlichem in der Regel nichts. Das heißt aber auch: mit Vernunft gegen Gewalt einschreiten. Und sich keine Angst vor einer vermeintlich bösen Welt einreden lassen. Denn Angst kann selbst zu einer Gefahr werden. Nämlich dann, wenn die Angst einen im Kopf krank macht.

3 Du bist doch verrückt!?

Muss auch ich Sorge haben, durchzudrehen, wo es doch ganz danach aussieht, dass langsam, aber sicher alle den Verstand verlieren?

»Expertin sicher: Miley Cyrus ist psychisch krank« – so war es wörtlich im Herbst 2013 zu lesen. Denn die Schauspielerin und Sängerin verhält sich immer wieder mehr als nur auffällig. Das fand zumindest die US-amerikanische Bloggerin Nicole Knepper, die eine Ausbildung zur Psychotherapeutin hat. Miley Cyrus leide an einem »Mangel an Selbstbeherrschung und Anerkennung von Grenzen«, an »rapiden Stimmungswechseln«. Außerdem sei ihr »zwanghaftes Twittern« bedenklich, ebenso ihre »Reizbarkeit« und ihre »Schlafstörungen«. Und vor allem fiel Nicole Knepper

Ist das noch normal?

eines an Miley Cyrus auf: »ihr hypersexuelles Verhalten«. Die »Psychotherapeutin« schrieb zwar auch: »Sage ich, dass Miley psychisch krank ist? Nö. Das sage ich NICHT. Ich denke bloß laut. Und mache mir Sorgen.« Sie frage sich einfach, ob das alles noch normal ist, was man von Miley so hört und sieht.

Was ist normal? Wer ist normal? Seien wir ehrlich: Miley Cyrus sicher nicht, oder? Wer alleine schon dauernd seine Zunge so durch die Gegend flattern lässt, der kann ja nicht ganz sauber sein. Zumindest dann nicht, wenn man unter »normal« das versteht, was die große Mehrheit macht. Und wie sieht es mit Justin Bieber aus? Von dem heißt es auch immer mal wieder, er habe eine Meise. Und Robert Pattinson? Sein Name zusammen mit dem Stichwort »Depression« spuckt bei Google Hunderttausende Fundstellen aus. Der *Twilight*-Star sagte in Interviews, dass er Probleme mit Depressionen habe. Das britische Magazin *New!* zitierte Pattinson schon im Jahr 2009 mit den Worten: »Ich bin eben ein bisschen manisch-depressiv!« Und im Jahr 2014 ließ er die britische Zeitung *Daily Telegraph* wissen: »Glücklicherweise dauert eine Depression nie lang bei mir.«

Robert Pattinson, Miley Cyrus, Justin Bieber – wenn sie tatsächlich ein Problem mit ihrer Psyche haben sollten, dann wären sie jedenfalls nicht allein. Im *Deutschen Ärzteblatt* lässt sich nachlesen, wie viele Jugendliche »anfällig für psychische Störungen« sind: 15 bis 20 Prozent. Noch höher liegt eine Zahl, die die Techniker Krankenkasse veröffentlicht hat: Rund 25 Prozent der Jugendlichen hätten psychische Probleme. Und die Universität Dresden setzt noch mal einen drauf. Sie hat ausgerechnet, welcher Anteil der Einwohner der Europäischen Union mindestens einmal im Jahr eine »klinisch bedeutsame psychische Störung« hat: 38,2 Prozent!

Und die Zahl der jungen und nicht mehr ganz so jungen Leute mit psychischen Problemen nimmt rasant zu, so macht es den Anschein. An einer Stelle ist für Bayern von einer »Zunahme um 23 Prozent in vier Jahren« zu lesen. Für Hamburg wird von einer Zunahme der Depressionen bei Jugendlichen um 60 Prozent innerhalb von drei Jahren berichtet.

Was ist eigentlich normal?

Wenn man so etwas liest, kann einem angst und bange werden. Denn da stellen sich zwei Fragen. Erstens: Sollte ich mich nicht auch behandeln lassen? Zum Beispiel, weil ich manchmal denke: »Am liebsten wäre ich tot.« Und zweitens: Wenn ich so etwas heute noch nicht denke, erwischt es mich dann nicht bald? Wenn es heißt, dass Depressionen bei Jugendlichen innerhalb von drei Jahren um 60 Prozent zunehmen, dann kann man ja folgende Rechnung aufmachen (ausgehend von der vorsichtigen Annahme, dass jeder Zehnte Depressionen hat):

Jahr	Anteil depressiver Jugendlicher	Zunahme um 60 % (gerundet)	Anteil nach der Zunahme um 60 %
2009–2012	10 von 100	6	16 von 100
2012–2015	16 von 100	10	26 von 100
2015–2018	26 von 100	16	42 von 100
2018–2021	42 von 100	25	67 von 100
2021–2024	67 von 100	40	100 von 100

Das hieße: Wenn das so weitergeht mit der »Steigerung um 60 Prozent«, dann haben innerhalb von nur fünfzehn Jahren ALLE Jugendlichen Depressionen! Sind möglicherweise selbstmordgefährdet! Müssen behandelt werden!

Das klingt übertrieben? Das ist völliger Humbug? Ja, aber es gibt Wissenschaftler, die allen Ernstes in diese Richtung argumentieren. Ein Psychologieprofessor von der Technischen Universität Dresden hat dazu etwas geschrieben, das man so verstehen kann: Wir müssen möglichst schnell möglichst viele Jugendliche von Psychiatern und Psychologen behandeln lassen – notfalls auch mit Medikamenten –, sonst sind bald schon so gut wie alle durchgeknallt. Und zwar auf verschiedenste Weise! (In den Originalworten des Professors klingt das so: »Nur die gezielte und umfassende Frühintervention vor allem bei Jugendlichen kann einen exponentiell beschleunigten Anstieg der Häufigkeit Schwerstkranker und multimorbider Fallzahlen in Zukunft verhindern.«)

Man kann beim Thema »Psychokrankheiten« aber eine eigenartige Beobachtung machen. An verschiedenen Stellen finden sich ganz unterschiedliche Zahlen darüber, wie groß der Anteil bei Jugendlichen ist, die psychische Probleme haben. Mal ist von zehn Prozent die Rede, mal von 20, mal von deutlich mehr als 30 Prozent. Wie kann das sein?

Von Robert Pattinson heißt es immer wieder, er sei depressiv. Aber ist er es wirklich?

Dafür gibt es mehrere Erklärungen. In einigen Statistiken wird gezählt, wie viele Jugendliche ein Krankenhaus oder einen Arzt aufsuchen und dort gesagt bekommen: »Du hast eine Depression.« Weil nur ein Teil derer, die Probleme haben, tatsächlich Hilfe sucht, wird anschließend geschätzt, wie viele Jugendliche insgesamt ein Problem haben. Und das Ergebnis einer solchen Schätzung kann mal so, mal so ausfallen. Das hängt auch ein bisschen davon ab, was demjenigen, der diese Schätzung abgibt, gelegen kommt. Wer auf ein Thema aufmerksam machen will, der möchte lieber höhere Zahlen sehen. Dann werden eben auch gerne Annahmen getroffen, die eine Schätzung hoch ausfallen lassen.

Andere Statistiken kommen dadurch zustande, dass Jugendliche befragt werden, wie es ihnen denn so geht. Da wird nach »Gefühlen des Unglücklichseins« gefragt oder nach »Selbstwertkrisen«. Denn die gehören zu dem, was Ärzte und Psychologen unter einer Depression verstehen. Hier wird die Sache aber wirklich schwierig. Denn es ist nicht leicht zu sagen, was genau unter Begriffen wie »psychisch krank« oder »behandlungsbedürftig« zu verstehen ist.

Wie messe ich eine Depression?

Bei manchen Anzeichen für Krankheit ist die Sache einfach: Wenn ein Fieberthermometer zeigt, dass jemand eine Körpertemperatur von 40 Grad Celsius hat, dann hat dieser Mensch in der Regel ein Gesundheitsproblem. Auch wenn ein Röntgenbild zeigt, dass die beiden Unterarmknochen gebrochen sind, ist klar: Das kann man nicht einfach so lassen. Da muss etwas getan werden.

Wie aber sieht es aus, wenn jemand sagt: »Ich bin ein Versager (oder eine Versagerin), keiner kann mich leiden«? Wenn jemand sagt: »Am liebsten wäre ich nicht mehr am Leben«? Was ist, wenn jemand immer wieder stundenlang wach liegt und nicht schlafen kann? Wenn er so etwas einem Arzt oder einem Psychologen erzählt, kann es leicht sein, dass der antwortet: Du hast eine Depression. Du hast eine psychische Störung. Und vielleicht auch: Du bist krank. Du brauchst eine Therapie.

Und was ist, wenn Ben das Gleiche sagt (»Bin ein Versager, keiner mag mich, kann nicht schlafen, will nicht mehr leben«), weil Lisa mit ihm Schluss gemacht hat? Oder wenn Sara das sagt, weil Robert nichts von ihr wissen will und lieber mit Jasmin ins Kino geht? Wenn es also um Liebeskummer geht? Das ändert nichts daran: Wenn ein Arzt oder Psychologe hört: »Niedergeschlagenheit, Schlafstörung, Selbstmordgedanken«, dann wird er sagen: »Das erfüllt die Kriterien einer Depression.« Aber ist Ben denn nun krank? Oder Sara? Wahrscheinlich nicht. Höchstens »liebeskrank«.

Aber wo sind nun die Grenzen? Wann ist jemand tatsächlich psychisch krank? Wann ist jemand depressiv? Wann ist er wirklich in Gefahr? In der Gefahr, sich möglicherweise sogar umzubringen, so wie es der Profifußballer und Nationaltorwart Robert Enke im Jahr 2011 getan hat? Der litt ganz klar an einer gefährlichen Depression. So gefährlich, dass sie ihn getötet hat.

Die Antwort auf die Frage nach dem Unterschied zwischen »psychisch krank« und »psychisch gesund« lautet leider: Die Grenzen lassen sich nicht einfach ziehen. Es gibt Menschen, die eindeutig so sehr die Kontrolle über ihr Leben verlieren, dass sie ärztliche Hilfe brauchen. Wenn jemand Stimmen hört, die ihm Befehle erteilen; wenn jemand glaubt, dass er von fremden Mächten verfolgt wird, die in seiner Wohnung überall Abhörgeräte installiert haben; wenn jemand an allen Ecken und Enden dunkle Schatten sieht, die ihn beschimpfen und zum Selbstmord auffordern – dann hat dieser Mensch sicher eine Krankheit, die behandelt werden muss. Solche Zeichen können zum Beispiel bei einer schizophrenen Erkrankung auftreten.

Und was ist mit Leuten, die seelisches Leid bekämpfen, indem sie sich körperliche Schmerzen zufügen? Was ist mit denen, die sich in die Arme oder Beine ritzen, weil es ihnen dann leichter fällt, ihr Leben zu ertragen? Ist es denkbar, dass die wirklich alleine zurechtkommen? Eher nicht.

In der Summe muss man sagen: Bei psychischen Krankheiten lässt sich oft nicht sauber abgrenzen zwischen »Sara geht es heute ganz schön schlecht, aber in zwei Wochen wird sie wieder besser drauf sein« und »Sara ist so depressiv, dass sie ärztliche Hilfe braucht«. Die Übergänge zwischen Traurigkeit, wie sie Menschen immer wieder erleben, und echter Krankheit sind fließend.

Bisschen hibbelig oder voll krank?

Wer nicht auf dem Ticket »Depression« in die Welt der Psychokranken reist, der wird möglicherweise etwas anderes auf seinem Fahrschein stehen haben: »ADS« oder »ADHS«. Wie es aussieht, wenn jemand am »Aufmerksamkeitsdefizit-Syndrom« oder auch »Aufmerksamkeitsdefizit-Hyperaktivitäts-Syndrom« leidet, ist schon im Kinderbuch »Struwwelpeter« aus dem Jahr 1845 abgebildet worden. Richtig in Schwung gekommen ist dieses Psychoproblem aber erst im 21. Jahrhundert. Beträchtlich ist schon alleine die Zahl der Promis und Stars, die man findet, wenn man eine Suchmaschine befragt, wer an ADHS leidet. Es gibt Internetseiten wie www.hyperaktiv.de oder www.my-adhs.de, die ellenlange Listen von tatsächlichen oder angeblichen ADHSlern aufführen.

Über solche Promi-Krankheitslisten aus dem Internet mag man noch den Kopf schütteln. Bemerkenswerter sind wissenschaftlich erhobene Daten, wie sie zum Beispiel die Krankenkasse Barmer GEK veröffentlicht hat. Danach hat unter den Jungs, die im Jahr 2000 in Deutschland geboren wurden, jeder fünfte ADHS. Bei den Mädchen ist es etwa eine von zwölf. An einer Schule mit 1000 Schülern, die sich genau zur Hälfte in Jungs und Mädchen teilen, wären also etwa 100 ADHS-Jungs und 40 ADHS-Mädchen zu finden. Die Pharmaindustrie und nicht wenige Ärzte haben auch eine Idee, was man mit denen machen kann: ihnen Tabletten geben.

Die ADHS-Pille, die vor allem unter dem Markennamen »Ritalin« bekannt ist, wird nicht nur in den USA, sondern auch in vielen anderen Ländern der Welt massenweise verschrieben. Viele Ärzte und auch Eltern schwören darauf. Sie sagen, die Pille mache aus Familien am Rande des Nervenzusammenbruchs wieder halbwegs glückliche Menschen. Entsprechend oft wird das Medikament geschluckt. Nach Berechnungen der Barmer GEK nimmt in Deutschland einer von zehn Jungs im Laufe seiner Kindheit und Jugend mindestens einmal die ADHS-Pille, bei den Mädchen ist es etwa eine von 30. Kritiker der ADHS-Pillen warnen allerdings davor, dass Hunderttausende schon im Kindes- und Jugendalter daran gewöhnt werden, nur mit medikamentösen Psychokrücken durchs Leben zu kommen. Wirklich gesund könne das nicht sein, so die Kritik.

Ich muss doch krank sein!

Bei der Frage »Bin ich eigentlich normal?« gibt es also zwei Fallen, in die man tappen kann. Die erste Falle: Man macht Gefühle, Ängste, Unsicherheiten, Hibbeligkeiten, die zum menschlichen Leben einfach dazugehören, zu einer Krankheit. Mit allem, was das Wort »Krankheit« nach sich zieht: Diagnose, Therapien, Medikamente, möglicherweise Klinikaufenthalte. Und das Urteil der anderen: »Der/die ist krank. Psychisch krank.«

Mütter, Väter, Freunde, Lehrer verhalten sich anders, wenn es heißt: »Ben ist krank« oder »Sara ist krank«. Was wiederum dazu führen kann, dass Ben und Sara auf eine glitschige Rampe geraten, auf der sie leicht ins Abwärtsrutschen kommen. Sie fangen an, sich so zu verhalten, wie man es von jemandem erwartet, der krank ist. Wer sich denkt: »Ich bin ein Psycho«, der fühlt sich leicht auch wie ein Psycho. Und dann tut er das, was Psychos eben so tun. Ben oder Sara haben in diesem Fall ein ganz spezielles Problem. Es gehört irgendwann zu ihrem Selbstbild, dass sie eine psychische Macke haben. Möglicherweise fangen sie dadurch erst recht an, sich schräg zu fühlen und schräg zu verhalten. Das ist also die eine Falle: das Psychoproblem übertreiben.

Die andere Falle wäre zu sagen: »Psychische Krankheiten gibt es gar nicht. Hab dich nicht so! Reiß dich zusammen! Geht wieder vorbei!«

Wer in diese Falle tappt und ein echtes psychisches Problem hat, der bekommt möglicherweise nicht die notwendige Hilfe und schlittert in größere Schwierigkeiten. Vielleicht sogar lebensgefährliche Schwierigkeiten.

! Überlebenstipp 3:

Wer sich Sorgen macht, dass seine Gefühle und sein Denken nicht mehr gesund sind, sollte mit jemandem darüber sprechen. Das kann jemand in der Familie sein. Das kann der Schulpsychologe sein. Das kann der Hausarzt oder der Kinder- und Jugendarzt sein. Das kann eine Beratungshotline sein. Aber es gilt auch immer: Trauer, Angst oder das Gefühl von Sinnlosigkeit gehören zum Erwachsenwerden dazu und sogar zum Erwachsensein. Die Aufgabe, die es zu lösen gilt, heißt: lernen, wie man damit umgeht. Wie man weder in die eine Falle tappt noch in die andere.

Und eine weitere Gefahr gilt es zu umschiffen: Trauer oder Orientierungslosigkeit zu bekämpfen, indem man sich Kicks verschafft, die einen in eine Sucht treiben können.

4 Leider geil: Süchte

Warum vieles, was erst einmal angenehm scheint, am Ende sehr unangenehme Folgen haben kann

Quizfrage: Welche dieser Süchte gibt es wirklich? Computersucht, Kaufsucht, Alkoholsucht, Schokoladensucht, Rosensucht, Twittersucht, Esssucht, Magersucht, Ess-Brech-Sucht, Fettsucht, Sportsucht, Erfolgssucht, Verliersucht, WhatsApp-Sucht, Geigensucht, Nikotinsucht, Apfelsucht, Pilzsucht, Haschischsucht, Heroinsucht, Sexsucht, Kokainsucht, Glücksspielsucht, Sehnsucht.

Die Antwort auf die Quizfrage lautet: Die allermeisten dieser Wörter lassen sich tatsächlich immer wieder in Texten finden, in denen es um Menschen geht, die in fiesen Problemen stecken. Wenn jemand heroinsüchtig ist, hat er allerdings ganz andere Schwierigkeiten, als wenn er an »Schokoladensucht« leidet. Und es stellt sich nach der Quizfrage eine Anschlussfrage: Können Glücksspielsucht, Heroinsucht und Computersucht etwas gemeinsam haben? Und: Woran merke ich, dass ich süchtig bin? Spielsüchtig möglicherweise?

Wenn jemand ein echter Raucher ist, wird ihm die Antwort auf diese Frage leichtfallen. Ohne Zigaretten wird er nervös und schlecht gelaunt, giert auf die nächste Kippe, braucht das verdammte Ding möglichst bald. Die Erklärung dafür ist einfach. Der chemische Stoff mit dem Namen Nikotin hat den Körper des Rauchers – vor allem sein Gehirn – so verändert, dass er sich *mit* Nikotin wohler fühlt als ohne. Das Nikotin schaltet in gewisser Hinsicht den Willen des Rauchers aus. Er kann nicht mehr entscheiden, ob er eine Zigarette möchte oder nicht. Er will einfach eine. Jetzt! Das Einzige, was ihm gelingen kann: dass er das Wollen unterdrückt.

Der Besitzer dieses Headshops verkauft Zubehör zum Haschischkiffen sowie Socken, deren Träger auf »Weed« vertrauen sollen – also auf Marihuana. Doch kann man solchen Händlern trauen?

Ähnlich sieht es mit allen Süchten aus, bei denen es um Stoffe geht, die sich mit einer chemischen Formel beschreiben lassen: Alkohol, Ecstasy, Kokain, Heroin, der Haschischwirkstoff THC und so weiter und so fort. Diese Chemikalien haben eine große Gemeinsamkeit, sie haben aber auch Unterschiede.

Die Gemeinsamkeit: Sie wirken chemisch auf den Körper ein. Egal ob Alkohol, Ecstasy oder THC – diese Stoffe lösen Reaktionen aus, die viele Menschen als angenehm empfinden. Deswegen will der Körper diesen chemischen Stoff immer wieder haben. Eine weitere Gemeinsamkeit: Diese Stoffe können dem Körper Schäden zufügen. Alkohol zum Beispiel kann das Gehirn und die Leber schlicht zerstören. Bei Zigaretten ist es nicht nur das Nikotin, das den Körper schädigt. Im Tabakrauch stecken rund 5000 Substanzen, die so unschöne Folgen haben können wie Lungenkrebs, Magenkrebs, Nierenkrebs, zerstörte Adern, Herzinfarkte, Schlaganfälle.

Der Unterschied: Das Tempo, in dem Menschen von diesen Drogen abhängig werden, ist – je nach Stoff – ganz verschieden. Niemand ist nach drei Tagen mit je einem Glas Bier oder Wodka-Red-Bull alkoholabhängig. Kein Mensch ist nach drei Zigaretten ein Raucher. Wer sich hingegen drei Spritzen Heroin gesetzt hat, ist möglicherweise für den Rest seines Lebens von diesem Stoff abhängig.

Die gefährliche Belohnung

Was haben nun Computersucht, Online-Spielsucht, WhatsApp-Sucht, vor denen wohlmeinende Mütter und Lehrer immer warnen, mit Rauchen oder Heroin zu tun? Auf den ersten Blick nicht so viel. WhatsApp macht nicht die Lunge kaputt. »League of Legions« tut der Leber nichts. Auf den zweiten Blick haben sie dann aber doch eine wichtige Gemeinsamkeit mit chemischen Suchtmitteln. Sie geben einen geilen Kick. Denn der Erfolg beim Spiel, die Bestätigung, dass sich WhatsApp-Freunde melden, klicken im Gehirn etwas an, das Fachleute »Belohnungssystem« nennen. Nicht chemische Suchtauslöser stoßen also auf indirekte Weise ähnliche Abläufe im Kopf an, wie sie chemische Substanzen auf direktem Weg auslösen.

Und was ist nun schlecht an diesem geilen Kick? Erst mal nichts. Einen netten Kick wollen alle immer mal wieder spüren. Der Papst freut sich darüber, wenn ihm auf dem Petersplatz in Rom Tausende zujubeln. Sebastian Vettel freut sich über das Gegröle nach einem gewonnenen Rennen. Ein Jahr ohne Sieg wie in der Saison 2014 und schon ist seine Laune deutlich schlechter.

Ist der Papst gottesdienstsüchtig? Ist Vettel Formel-1-süchtig? Im Grunde ist es einfach: Schlecht wird die Sache mit dem Kick dann, wenn nicht mehr der Mensch selbst entscheidet, ob er einen spüren möchte, sondern wenn der Kick entscheidet, was der Mensch tut. Und besonders schlecht wird es, wenn das, was den Kick auslöst, den Körper schädigt. Oder das Zusammenleben mit anderen Menschen.

Wer etwa süchtig nach Glücksspielen ist, macht weder seine Lunge kaputt noch sein Herz noch irgendeinen anderen Teil seines Körpers. Doch wer süchtig nach dem prickelnden Kitzel beim Poker, Roulette oder auch beim Aufreißen eines Glücksspielloses wird, der richtet oft ebenfalls riesigen Schaden an. Spielsüchtige versenken meist nicht nur ihr gesamtes eigenes Geld. Sie reißen regelmäßig ihre Familie und Verwandtschaft mit in den finanziellen Abgrund. Nicht wenige werden kriminell, um sich Geld zu beschaffen, mit dem sie sich beim Glücksspiel den Kitzel verschaffen können. Schätzungen (mit denen man natürlich immer vorsichtig sein muss) besagen, dass alleine von dieser ganz speziellen Sucht – der Glücksspielsucht – Hunderttausende in Deutschland betroffen sind.

Das Blöde an der Sache mit der Sucht: Es ist schwer zu erkennen, ob es noch darum geht, Spaß zu haben, oder ob der Spaß einen in den Griff nimmt. In den Würgegriff. Es gibt zwar jede Menge Checklisten, mit denen sich angeblich herausfinden lässt, ob man computerspielsuchtgefährdet ist oder alkoholsuchtgefährdet, doch solche Checklisten können einem eines nicht abnehmen: ehrlich darauf zu schauen, was im eigenen Leben gerade abläuft. Denn am Ende geht es nur um eines: Kann man entscheiden, etwas zu tun oder zu lassen? Oder ist die Entscheidung schon gefallen, bevor es überhaupt ans Entscheiden geht?

Ein Adventskalender nur für Erwachsene. Er enthält Glücksspiellose, von denen es heißt, sie könnten süchtig machen.

Ganz besonders fatal dabei: Wer ein gutes Gefühl dafür besitzt, ob er sich selbst im Griff hat, der ist meist nicht so anfällig dafür, von einer Sucht erfasst zu werden. Das heißt: Wer sich Gedanken darüber macht, ob er ein Suchtproblem hat, bei dem ist die Wahrscheinlichkeit, dass er in wirklich tiefe Probleme rutscht, oft von vorneherein geringer als bei Leuten, die Saufen oder Kiffen für eine fröhliche Freizeitbeschäftigung halten. Oder andersherum: Die, die eigentlich aufpassen sollten, nicht in eine Sucht zu rutschen, sehen überhaupt kein Problem in dem, was sie mit Alkohol, Gras oder auch Computerspielen so anstellen. Auf den alten Spruch »Drogen sind etwas für Leute, die mit der Wirklichkeit nicht umgehen können« wird dann gerne mal die Antwort gegeben: »Die Wirklichkeit ist etwas für Leute, die mit Drogen nicht umgehen können.«

Bin ich normal, wenn ich nicht dabei bin?

Ein weiteres Problem bei der Sache mit den Drogen: Die Süchte, die in Europa oder den USA besonders weit verbreitet sind, lassen sich mit einem halbwegs normalen Leben erst mal ganz gut in Einklang bringen. Es gibt keinen Raucher, der seinen Job nur deswegen verliert, weil er drei Schachteln am Tag pafft. Es könnte zwar sein, dass er irgendwann nicht mehr arbeiten kann, weil ihn Lungenkrebs oder ein Herzinfarkt aus der Bahn wirft. Bis dahin aber wird der Raucher im Alltag ganz gut funktionieren. Auch ein 16 Jähriger, der sich mit seinen Freunden jedes Wochenende komplett besäuft, wird deswegen nicht sofort die Schule schmeißen müssen. Sollte man also nicht doch einfach mitmachen, wenn die anderen rauchen, trinken, vielleicht auch kiffen? Ausprobieren, was es mit einem so anstellt? Die Antwort lautet: Auch das hängt von jedem selbst ab. Es geht darum, ob man ein Risiko eingehen möchte. Und darum, wie man dieses Risiko bewertet.

Nun könnte man fragen: Worin um Himmels willen soll denn das Risiko bestehen, wenn man nie raucht, nie etwas trinkt? Die Antwort: Das Risiko für solche »Abstinenzler« besteht darin, nicht zu einer Gruppe zu gehören, zu der sie vielleicht doch gerne gehören möchten. Und das Risiko besteht darin, etwas zu verpassen, was man vielleicht ja doch als angenehm empfindet, wenn man es probiert. Beispiel Alkohol: Es hat ja seinen Grund, dass in allen Ländern, die nicht stark von der Religion des Islam geprägt sind, die Menschen seit Tausenden von Jahren Bier, Wein, Schnaps und so weiter trinken. Wer grundsätzlich alkoholische Getränke mag, dem schmeckt das Zeug meistens. Die Stimmung, die der Alkohol auslöst, finden viele Leute angenehm. Man muss auf dem Münchner Oktoberfest niemanden zwingen, dass er seine Maß leert. Und wenn jemand zum Essen noch ein zweites Glas Wein bestellt, dann meistens nicht, weil jemand mit einer Pistole hinter ihm steht und droht, ihn zu erschießen, falls er nur *ein* Glas trinkt.

Alkohol gehört zur guten Stimmung – das gilt nicht nur für das Münchner Oktoberfest mit seinen jährlich sechs Millionen Besuchern.

Vielen Bier- oder Weintrinkern schmeckt also das, was sie gerade im Glas haben. Und Alkohol bessert nicht selten die Laune der Menschen. Er sorgt in der Gruppe für eine Fröhlichkeit, die ohne Alkohol so vielleicht nicht aufkäme. Wer in Europa oder den USA sagt, dass er niemals einen Tropfen Alkohol anrührt, schließt sich also aus dieser Form der Geselligkeit und des gesellschaftlichen Lebens aus.

Allerdings ist es leider ein Fehler, wenn man vergisst: Alkohol kann genauso süchtig machen wie Heroin. Er kann den Körper eines Menschen komplett zerstören. Er kann das Leben ganzer Familien kaputt machen. Und das tut er auch jedes Jahr tausendfach.

Die legalen Killer

Tabak und Alkohol töten auf vielerlei Weise. Sie begünstigen tödliche Krankheiten wie Krebs, Herzinfarkt oder Schlaganfall. Alkohol ist ein häufiger Grund für tödliche Verkehrsunfälle. Wie viele Menschen an diesen legalen Drogen sterben, lässt sich nicht genau sagen. Aber es lässt sich einigermaßen seriös abschätzen. Diese geschätzten Zahlen sind beträchtlich:

- An den Folgen des Rauchens sterben in Deutschland jedes Jahr zwischen 100 000 und 120 000 Menschen.
- An den Folgen des Alkohols sterben schätzungsweise bis zu 74 000 Menschen.

Nicht dazuzugehören, das ist ein Gefühl, das nur wenige gerne haben. Darin liegt bei etlichen Suchtmitteln der Hauptgrund, warum Menschen zu ihnen greifen. Und die Zigaretten- oder Bierindustrie gibt Hunderte von Millionen Euro dafür aus, dieses Gefühl aufrechtzuerhalten: Rauchen ist cool, Trinken macht gute Laune. Auch bei Drogen, an die man nicht ganz so leicht herankommt, wie etwa Cannabis, gilt das Gleiche. Wer zu kiffen beginnt, der macht das üblicherweise, weil er glaubt, dass er sich damit etwas Gutes tut. Oft, weil Freunde ihm sagen: »Das Zeug ist super.«

Diese Warnung vor einem Sturz auf der Treppe sieht so aus, als ob sie an Betrunkene gerichtet wäre. Sie dürfte aber auch für Nüchterne gelten.

Legalize it?

Beim Kiffen läuft die Diskussion besonders kompliziert. In Deutschland sind Haschisch und Marihuana verboten, weil es heißt, sie seien gesundheitsgefährlich. Im Nachbarstaat Niederlande hingegen kann man in

»Coffeeshops« kleine Mengen davon ganz legal kaufen. In den USA heben immer mehr Bundesstaaten bislang gültige Haschisch- und Marihuanaverbote auf. Es gibt auch in Deutschland die Forderung, die Drogengesetze zu lockern. Der Deutsche Hanfverband beispielsweise argumentiert, Cannabis sei nicht annähernd so gesundheitsschädlich wie andere Drogen. Im Gegenteil, der Wirkstoff THC sei bei etlichen Krankheiten ein Heil bringendes Medikament. Und tatsächlich werden die Wirkstoffe, die in Hanfpflanzen enthalten sind, immer wieder zum Beispiel Krebskranken verschrieben. Das Haschisch- und Marihuanaverbot mache also brave Bürger, die ein harmloses Vergnügen genießen wollen, zu Verbrechern, heißt es weiter vom Hanfverband. Außerdem habe sich gezeigt, dass Verbote nichts bringen. Wenn die Menschen kiffen wollen, dann tun sie es. Die jetzigen Verbote führten aber dazu, dass sich Kriminelle am Handel mit Gras und Dope bereichern können.

Befürworter der jetzigen Gesetze entgegnen, dass Haschisch und Marihuana sehr wohl süchtig machen könnten. Und sie argumentieren, der Stoff, der heute auf dem Markt ist, sei ein ganz anderes Kaliber als das, was in den 1970er- oder 1980er-Jahren gekifft und in Haschplätzchen verbacken wurde.

Als der Reggae-Sänger Peter Tosh vor Jahrzehnten sang: »Legalize it«, war in den Hanfpflanzen tatsächlich oftmals weit weniger THC als heute. Denn neue Züchtungen sorgen dafür, dass die Hanfpflanzen inzwischen ganz anders reinknallen als die des vergangenen Jahrhunderts. Mit der Folge, dass vom Gras und Shit heute ein weit größeres Suchtrisiko ausgeht als von dem, was man im 20. Jahrhundert bekommen hat – heißt es zumindest von etlichen Suchtforschern. Wie die Diskussion in Deutschland weitergeht, wird sich zeigen. Erst einmal bleiben Gras, Shit, Dope und wie man es immer nennen mag, verboten.

E-Shishas: Wer kauft denn so was?

Es ist ein merkwürdiges Deutsch, in dem ein Handelsunternehmen im Internet E-Shishas anpreist: *»Es ist tragbar, Einweg und hat eine erstaunliche Geschmack für durchschnittlich 500 Züge.«* Und Leuten, die so etwas schreiben, soll man vertrauen? So sehr vertrauen, dass man das Zeug, das sie einem verkaufen, in seine Lunge saugt? Es gibt viele Warnungen von Krebsforschern, Suchtforschern oder Schuldirektoren vor E-Shishas und anderen elektronischen Rauchapparaten. Man wisse nicht, was in dem Dampf alles drinsteckt, den die Dinger produzieren, heißt es immer wieder. Wer als 13-Jähriger an der E-Shisha nuckele, der greife als 15-Jähriger leichter zur echten Zigarette, ergänzen sie. Die Dinger seien eine »Einstiegsdroge«. Wem das Zeug schmeckt oder wer das Ding einfach cool findet, der interessiert sich natürlich nicht für solche wohlmeinenden Ratschläge. Aber jenseits von Ratschlägen kann man sich ja mal die Frage stellen, ob man wirklich jede Konsummode mitmachen muss, die sich kluge Geschäftsleute ausdenken, um Geld zu verdienen. Wer hat eigentlich etwas davon, wenn ich mir den Shisha-Dampf in die Lunge sauge? Vielleicht schmeckt das Zeug ja ganz gut, und vielleicht tun es ja einige Leute, die ich gut finde. Aber ist das Grund genug, mir etwas einzupfeifen, von dem niemand genau weiß, was es im Körper anstellt? Und ist es wirklich klug, jemandem zu erlauben, etwas mit meinem Körper anzustellen, der Sachen wie diese schreibt: *»Keine Gifte No Tobacco Rauch überall Smoke drinnen Kein Geruch Ash«?* Nein, die Produkte solcher Leute würde man mit etwas Nachdenken lieber vom eigenen Körper fernhalten, oder?

Wer nicht von selbst merkt, dass E-Shishas »young« und »stylish« sind, der erfährt es durch Werbung.

Was also tun? Versuchen, einen weiten Bogen um alles zu machen, wonach man süchtig werden kann? Das hieße möglicherweise, dass man ein recht fades Leben führt. Denn so gut wie alles, was Menschen als angenehm empfinden, kann süchtig machen. Es geht also vor allem um eines: herauszufinden, warum man sich mit irgendetwas (Alkohol, Zigaretten, Joints, Computerspiele und so weiter) so gerne die Zeit vertreibt. Weil es ein harmloser Genuss ist? Weil es andere Leute tun, die einem wichtig sind? Weil man damit andere, unangenehme Dinge eine Zeit lang vergisst?

! Überlebenstipp 4:

Zum Rauchen: wirklich einfach die Finger davon lassen. Das macht inzwischen auch eine breite Mehrheit der Jugendlichen. Im Jahr 1979 haben lediglich 42 von 100 Jugendlichen nie geraucht; im Jahr 2012 waren es 72 von 100. Die Nichtraucher sind unter jungen Deutschen also die breite Mehrheit. Zu der darf man ja auch mal gehören.

Zum Alkohol: Da gibt es einen klugen Slogan: »Kenn dein Limit.«

Zu allen illegalen Drogen: Es hat seinen Grund, warum die verboten sind, auch Cannabis. Und wer es unbedingt probieren will, der sollte sich nicht alleine auf die Informationen verlassen, die ihm ein Hanf-und-Haschisch-Händler oder der Besitzer eines Headshops gibt. Die wollen genauso Geld verdienen wie die Bosse der Tabakkonzerne.

5 Hirnerweichung durch Games, WhatsApp und überhaupt das Digitalzeug?

Über die Sucht, von der viele reden, aber bei der viele vor allem aneinander vorbeireden

»Computersucht gibt es! Sie ist echt gefährlich!«

»Quatsch. Eine solche Sucht gibt es nicht. Jeder Bildschirm ist ein Segen, egal ob Fernseher, Computer oder Smartphone. Man muss nur richtig damit umgehen.«

Steht immer wieder in der Zeitung: Internetsucht macht krank. Aber stimmt das?

Zwei Meinungen, die man immer wieder hören kann. Stellen wir uns zwei Menschen vor, die diese unterschiedlichen Meinungen vertreten, und lassen wir sie miteinander diskutieren.

Also, gib doch einfach mal zu: Es gibt inzwischen eine ganze Reihe von wissenschaftlichen Untersuchungen, die klar belegen: Immer mehr Menschen sind computersüchtig, vor allem Jugendliche. Von den Mädchen sogar mehr als von den Jungs: 8,6 Prozent der Mädchen und 4,1 Prozent der Jungs, die zwischen 14 und 16 sind. Da muss man doch was tun!

Was für ein Quatsch. Hunderttausende Bildschirmsüchtige alleine in Deutschland, ja? Das glaubst du doch selbst nicht. Und: Wann bin ich denn computersüchtig? Wenn ich jeden Tag drei Stunden »Grand Theft Auto« spiele? Oder wenn ich vier Stunden Nachrichten schreibe? Oder wenn ich mich fünf Stunden auf *helles-koepfchen.de* oder Wikipedia super schlaumache? Oder würdest du die Kinder auch von *antolin.de* wegholen, obwohl das doch angeblich so klug macht?

Klar, das Argument kenne ich. Aber es liegt doch auf der Hand: Wenn jemand nichts mehr im Freien unternimmt, keine Freunde mehr trifft, überhaupt nicht mehr kapiert, was in der Welt los ist, dann ist das nicht gesund.

Soso. Schon mal aufgefallen, dass es jede Menge 40-jährige Eltern gibt, die auch fast nie an der frischen Luft sind? Die meisten Menschen hören eben irgendwann auf, draußen Fangen oder Verstecken zu spielen. Wäre doch auch peinlich, wenn 60-Jährige und 16-Jährige das Gleiche täten wie Sechsjährige, oder? Und wenn wir mit wissenschaftlichen Studien argumentieren wollen: Da gibt es auch welche, die ganz klar zeigen: Leute, die im Netz viel Kontakt zu anderen haben, treffen auch in der echten Welt viele Freunde. Ist alles von Wissenschaftlern belegt.

Soll das heißen, dass jemand, der direkt nach dem Aufstehen als Erstes an den Bildschirm geht, mindestens an den Bildschirm seines Smartphones, jemand, der immer eine Hand an einer Tastatur haben muss, der sich richtig mies fühlt, wenn er Onlinetreffen verpasst oder nicht an den Computer kann, der deswegen in der Schule völlig absackt, soll das ernsthaft heißen, dass der auf dem richtigen Weg ist?

Sage ich doch gar nicht. Ich weiß, dass es echt traurige Gestalten gibt, die extrem viel Zeit am Bildschirm verbringen. Aber ich behaupte: Das sind traurige Gestalten – und deswegen kriegen sie nichts anderes hin, als nur am Bildschirm abzuhängen. Nicht umgekehrt. Es ist nicht der Bildschirm, der sie zu Gollums gemacht hat. Sondern weil sie Gollums sind, bleibt ihnen nichts als der Bildschirm.

Schlaues Argument. Da ist sicher auch einiges Wahres dran. Aber sollte man dann diesen Gollums, wie du sie nennst, nicht mal eine helfende Hand reichen? Und du wirst eines nicht bestreiten können: Egal ob Gollum oder Nichtgollum: Was du mit deinem Kopf machst, verändert deinen Kopf. Das ist wissenschaftlich nun wirklich handfest erwiesen. Wenn du Klavier übst, veränderst du die Teile in deinem Gehirn, die für die Bewegung der Finger zuständig sind, die Hirnwindungen, die für feines Gehör zuständig sind, und so weiter. Und wer acht Stunden pro Tag am Bildschirm hängt, auch der verändert sein Gehirn. Dauerhaft. Willst du das?

Na ja, mal ehrlich: Kommt doch wohl drauf an, wie man sein Gehirn verändert. Soll das etwa schlecht sein, wenn man am Bildschirm trainiert, schnell zu reagieren? Und wenn du übers Klavier redest: Es gibt jede Menge Musiker, die extrem viel Zeit am Computer verbringen. Dort bauen sie ihre Stücke zusammen, schreiben Kompositionen. Mozart wäre heute wahrscheinlich die ganze Zeit an einem Partitur-Schreibprogramm und würde die »Zauberflöte« nicht mit Tinte aufs Papier klecksen.

Sicher. Ich bestreite ja auch nicht, dass man kreative Sachen am Computer machen kann. Dieses Buch hier ist ja auch an einem Computer geschrieben worden, für viele Informationen wurde online recherchiert. Aber ich bleibe dabei: Es gibt ein Zuviel, wenn es um den Bildschirm geht.

Klar, das gibt es bei allen Sachen. Aber das sollte doch wohl jeder für sich selbst herausfinden dürfen, was die richtige Menge ist. Du magst es auch nicht, wenn dir jemand vorschreibt, wie viel Milch du in deinen Kaffee tust.

Oh Mann, was für ein saudoofer Vergleich. Kapierst du nicht: Die, bei denen es zu viel ist, die merken das gar nicht mehr? Die brauchen jemanden, der ihnen sagt, dass es zu viel ist!

Soso. Und wer entscheidet, was zu viel ist? Eine halbe Stunde am Tag? Drei Stunden? Fünf Stunden? Und wie sind die zusammengesetzt? Eine Stunde chatten? Plus eine Stunde Games? Plus eine Stunde pädagogisch Wertvolles? Wäre das recht? Und ist YouTube-Schauen schlechter als Fernsehen? Und wer entscheidet das? Du? Und wie findest du dann Checklisten, mit denen man prüfen kann, ob man »bildschirmsüchtig« ist?

Hör mir damit auf! Ich habe Internetseiten gesehen, auf denen steht: Süchtig sind Leute, die »bis zu 100 Stunden pro Woche ohne Pause mit Gamen, Chatten oder Surfen« verbringen. 100 Stunden pro Woche? Das sind mehr als zwölf Stunden am Tag! Da kann man ja schnell mal denken: Wenn ich fünf Stunden am Bildschirm hänge, ist alles okay.

Gesunde Kindheit, gesunde Jugend, gesundes Erwachsensein – wie viel Zeit am Bildschirm passt dazu?

Tsss. Checklisten und Zeitlimits willst du also auch nicht. Dir kann man es ja wirklich nicht recht machen.

Hier beenden wir den Dialog mal. Und wir halten eines fest, was keiner der beiden Diskutanten bestreiten wird: Am

Bildschirm kann man sich auf verschiedenste Weise angenehme Kicks verschaffen. Ob das eine erfolgreiche Spielrunde am PC ist oder das »Pling« einer WhatsApp-Nachricht, die zeigt, jemand hat an mich gedacht, tut dabei erst mal nichts zur Sache. Fakt ist: Mit PCs, Tablets oder Smartphones kann man das sogenannte Belohnungssystem in Gang bringen, das im Gehirn an einem großen Teil der angenehmen Empfindungen beteiligt ist, die ein Mensch haben kann. Wer aber dieses Belohnungssystem füttert, kann in die Situation kommen, dass es in ihm immer wieder flüstert oder auch ruft und schließlich schreit: »Mehr… Mehr! MEEEHR!!!« Und dann kann man in etwas rutschen, das unter der Überschrift »Sucht« läuft. Auch wenn kein Schnapsglas, kein Joint, keine Spritze, keine Tablette im Spiel ist.

! Überlebenstipp 5:

Drüber nachdenken, wie der Bildschirm das eigene Leben verändert. Mache ich etwas am Bildschirm? Oder wird etwas mit mir gemacht? Und: Gehe ich an den Bildschirm, weil es mir irgendwie nicht gut geht – und ich mir dort etwas holen kann, damit es mir besser geht? Kann ich mich ohne Bildschirm irgendwann gar nicht mehr gut fühlen? Will ich das? Und: vorsichtig mit Checklisten! Die wiegen einen schnell in einer trügerischen Sicherheit. Lieber mal auf eine Stoppuhr drücken. Dann nach einer gewissen Zeit eine Schätzung aufschreiben, wie lange man am Bildschirm war – und mit dem Ergebnis der Stoppuhr vergleichen. Da kann leicht herauskommen: Die wirklich vergangene Zeit ist doppelt oder dreimal länger als das, was man sich selbst so gedacht hat.

6 Besonders fies: unsichtbare Bedrohungen

Warum es so schwer ist, Gefahren richtig einzuschätzen, die man nicht sehen kann. Und warum es wichtig ist, sie trotzdem nicht zu ignorieren

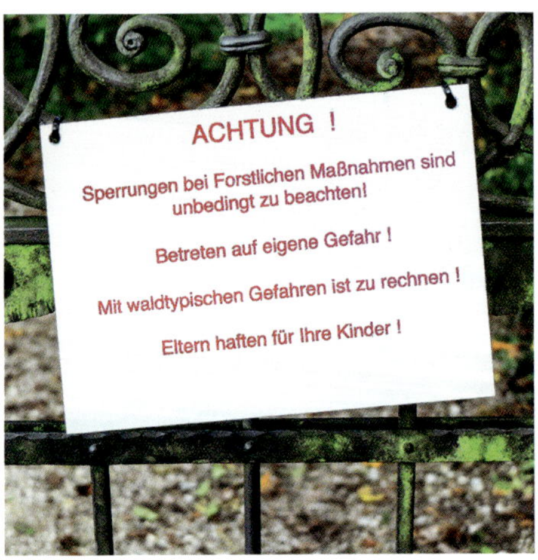

Im Wald lauert die Gefahr, auch heute noch. Die Frage ist nur: Was ist waldtypisch? Ruppige Räuber? Fallende Fichten? Giftige Gräser? Zornige Zwerge?

Nachts allein durch einen Wald zu laufen, ist nicht jedermanns Sache. Selbst denen, die sich bei Tageslicht durch kaum etwas erschüttern lassen, fährt schnell mal ein Schreck in die Glieder, wenn es im finsteren Gebüsch knackt oder raschelt. Das Gruseln im Dunkeln lässt sich mit dem Leben erklären, durch das sich Menschen in früheren Jahrtausenden kämpften. Unsere Ahnen mussten sich in einer Welt zurechtfinden, in der durchaus mal ein böses Raubtier hinter dem Geraschel im Buschwerk stecken konnte. Oder vielleicht auch ein böser Mensch aus der Nachbarhöhle. Also wurde im Hirn unserer Vorfahren abgespeichert: Was ich nicht sehen kann, kann ich nicht einschätzen. Und was ich nicht einschätzen kann, ist erst einmal besonders bedrohlich. ANGST!

Diese alte Angst tragen wir immer noch in unseren Gehirnen mit uns herum. Obwohl wir eigentlich ziemlich sicher sein können, dass hinter dem Gebüschgeraschel im Dunkeln eher ein Marder steckt – und kein Mörder. Und auch kein Monsterwolf. In der modernen Welt ist die Angst aus der Steinzeit dummerweise doppelt problematisch. Sie kann dazu führen, dass wir Dinge für gefährlicher halten, als sie tatsächlich sind. Sie kann uns aber auch dazu bringen, dass wir echte Gefahren auf fatale Weise unterschätzen. Beispiele dafür gibt es in ganz unterschiedlichen Bereichen.

Wabert bis heute fort: der »Mikrobenwahn«

Forscher wie Louis Pasteur oder Robert Koch jubelten, als sie im 19. Jahrhundert unter dem Mikroskop erstmals eine völlig neue Welt sichtbar machten. Bakterien, Viren, krank machende Pilze sind so klein, dass sie erst nach der Erfindung leistungsstarker Mikroskope entdeckt werden konnten. Manche dieser Krankheitserreger waren verantwortlich für Seuchen, unter denen die Menschheit seit Jahrtausenden litt. Und bis heute leidet. Die Forscher des 19. Jahrhunderts schufen mit ihren Entdeckungen also die Voraussetzung dafür, dass gefährliche Krankheiten besser bekämpft werden konnten. Sie stürzten aber auch viele Leute in Panik.

Nicht wenige Menschen fanden den Gedanken schrecklich, dass sie von unzähligen kleinen Wesen umgeben sein sollten, die Erkrankungen auslösen konnten. Es gibt Berichte, wonach ein wahrer »Mikrobenwahn« um sich griff: die Angst, von unsichtbaren bösen Raubtieren auf der Haut gefressen zu werden.

Inzwischen hat sich eine Erkenntnis weitgehend durchgesetzt: Die allermeisten Bakterien, Pilze oder Viren sind ungefährlich für den Menschen. Manche von ihnen sind sogar lebensnotwendig. Bei der Verdauung ist der Mensch darauf angewiesen, dass bestimmte Arten von Bakterien im Darm mithelfen, Speisen und Getränke zu verwerten.

Dieser Werbespruch ist glücklicherweise nicht richtig. Sonst würde niemand mehr Windeln wechseln oder den Boden aufwischen wollen.

Und vielen Mikroorganismen, die krank machen, sind die Menschen heute nicht mehr schutzlos ausgeliefert, wie es lange Zeit der Fall war. In den vergangenen Jahrzehnten haben Wissenschaftler Medikamente entwickelt, die noch vor hundert Jahren unvorstellbar waren. Bis Mitte des 20. Jahrhunderts musste das Immunsystem des menschlichen Körpers ganz alleine Bakterien, Pilze oder Viren bekämpfen. Mit der Entdeckung der Antibiotika, mit denen sich Bakterien abtöten lassen, brach für die Medizin eine völlig neue Zeit an. Auch gegen gesundheitsgefährdende Pilze und Viren steht Ärzten heute ein ganzes Arsenal von Medikamenten zur Verfügung.

Wundermittel – aber nicht immer: Antibiotika

Eine Lungenentzündung war seit jeher eine unangenehme, schwere Krankheit. Vor der Entdeckung der Antibiotika allerdings war sie oft ausgesprochen lebensbedrohlich, heute hingegen lässt sie sich in aller Regel ganz gut in den Griff bekommen. Der Grund: In der Mehrzahl der Fälle stecken hinter einer Lungenentzündung Bakterien, gegen die Antibiotika wirksam sind. Allerdings ist es falsch, zu glauben, dass deshalb alles, was mit Husten zu tun hat, ein Fall für Antibiotika ist. Die Mehrzahl der Erkältungskrankheiten wird von Viren ausgelöst, nicht von Bakterien. Gegen Viren können Antibiotika allerdings überhaupt nichts ausrichten. Weil sie da grundsätzlich nicht wirken. Wenn jemand bei einer – von Viren ausgelösten – Erkältung Antibiotika schluckt und nach ein paar Tagen wieder fit ist, dann haben nicht Medikamente geholfen. Vielmehr hat das Immunsystem die Viren alleine besiegt. Die Antibiotika haben so viel gebracht, wie es das Tragen eines Schlafanzugs mit der Aufschrift »Husten, verschwinde!« getan hätte. Gleichzeitig bringt es aber Risiken mit sich, ohne Not Antibiotika zu schlucken. Sie haben – wie alle wirksamen Medikamente – möglicherweise Nebenwirkungen. Und der übermäßige Einsatz von Antibiotika erleichtert es gefährlichen Bakterien, sich an diese Medikamente zu gewöhnen: Sie werden resistent. Dann werden die Antibiotika wirkungslos und die durch die Bakterien ausgelösten Krankheiten wieder gefährlicher.

Damit stehen die Menschen allerdings vor der Frage, wie sie mit diesem »Waffenarsenal« vernünftig umgehen. Nicht nur beim »Mikrobenwahn« hat der menschliche Verstand versagt. Der gedankenlose und massenhafte Einsatz von Antibiotika hat dazu geführt, dass manche Mikroorganismen unempfindlich gegen diese Medikamente geworden sind. Es ist also gefährlich, Antibiotika zu geben, ohne richtig nachzudenken, was die Vor- und Nachteile sind.

Das gilt nicht nur bei Menschen. Kühe, Schweine, Hühner bekommen Antibiotika oft ins Futter gemischt, obwohl sie überhaupt nicht krank sind, also nur zur Vorbeugung. Die heutige Massentierhaltung wäre sonst fast nicht möglich. Wenn Tiere auf engem Raum schnell wachsen sollen, bleibt vielen Tierhaltern kaum etwas anderes übrig, als auf Antibiotika zu setzen. Schweinezüchter, die Fleisch so billig produzieren wollen, wie viele Käufer es inzwischen fordern, hauen also tonnenweise Medikamente in die Futtertröge. Das führt dazu, dass Antibiotika immer mehr an Orten zu finden sind, wo sie eigentlich nicht hingehören: in Tierställen, in Abwasserkanälen, auf Feldern, auch in Lebensmitteln – also überall in der Umwelt des Menschen. Das gibt wiederum Bakterien die Möglichkeit, sich laufend mit diesen Antibiotika auseinanderzusetzen und resistent zu werden.

Zum Schweineleben gehören Medikamente.

Wenn nur harmlose Bakterien gegen Antibiotika resistent würden, wäre das kein Schaden. Wenn allerdings Bakterien, die Krankheiten auslösen, sich nicht mehr mit diesen Medikamenten abtöten lassen, fehlen den Ärzten wichtige Waffen im Kampf gegen möglicherweise tödliche Infektionen. Das geschieht in immer mehr Regionen der Welt: Bakterien, die jahrzehntelang gut in den Griff zu bekommen waren, werden wieder so gefährlich, wie sie es vor hundert Jahren waren. Sogenannte »multiresistente Erreger« verbreiten sich vor allem dort, wo besonders viele Antibiotika geschluckt und verfüttert werden, etwa in Frankreich oder Italien.

Reizthema Masern: kühlen Kopf behalten – auch bei einer Fieberkrankheit

Es klang beängstigend, was im Frühjahr 2015 zu lesen war: »Masernviren gehören zu den ansteckendsten Viren«, warnte eine Seuchenexpertin. Zuvor waren in Berlin Hunderte neuer Masernfälle gemeldet worden. Einer ihrer Kollegen empfahl Eltern nicht geimpfter Babys in der Hauptstadt, sie sollten ihre Kinder »von allen Menschen fernhalten«. Warum diese Warnungen? Masern werden doch oft als »Kinderkrankheit« bezeichnet, das klingt harmlos. Tatsache ist: Masern sind eine Krankheit, die früher viele Kinder durchmachten. Die meisten wurden danach wieder gesund und waren anschließend immun, konnten nie wieder Masern bekommen. Erst in den 1960er-Jahren wurde eine Impfung entwickelt, die einen immunisiert, ohne dass man die Krankheit durchleiden muss. Die Impfung wurde vor allem entwickelt, weil Masern keineswegs immer harmlos verlaufen. Man schätzt, dass in einem Land wie Deutschland von etwa 1000 Menschen, die sich anstecken, einer stirbt. Damit so etwas nicht mehr vorkommt, hat sich die Weltgesundheitsorganisation das Ziel gesetzt, die Masern durch Impfungen komplett verschwinden zu lassen. Nicht alle Impfungen bieten die Chance, eine Krankheit komplett vom Erdball zu tilgen. Bei einigen Krankheiten wie Pocken oder Kinderlähmung ist es aber (fast) gelungen. Bei den Masern ist dieses Ziel bisher nicht erreicht worden. Ein Grund dafür: Einzelne Impfkritiker warnen immer wieder vor Schäden und Komplikationen, die die Impfspritze auslösen konne. Eine überwältigende Mehrheit der Fachleute, die sich mit dem Thema beschäftigen, kommt aber zu dem Ergebnis: Die Vorteile der Impfung überwiegen die Risiken ganz eindeutig. Für Jugendliche oder auch Erwachsene, die nicht sicher sind, ob sie gegen Masern immun sind, kann es also sinnvoll sein, beim Arzt prüfen zu lassen, ob sie einen ausreichenden Schutz haben. Wenn nicht, lassen sich fehlende Impfungen jederzeit nachholen. Ganz ohne Panik.

Nicht Lachen ist die beste Medizin, sondern Waschen

Medikamente wie zum Beispiel Antibiotika können also Leben retten, indem sie Bakterien bekämpfen. Doch wenn man danach fragt, was in den vergangenen Jahrhunderten wirklich viele Leben gerettet hat, dann sollte man nicht in den Arzneischrank schauen, sondern ins Klo. Viele Ärzte und auch viele Forscher der Pharmaindustrie hören es nicht gerne, doch es ist wahr: Die raffiniertesten Operationstechniken und die ausgeklügeltsten Medikamente haben nicht so viele Menschenleben gerettet wie Wasser, Seife und Desinfektionsmittel. Wer in einer Großstadt in einem armen Land der sogenannten Dritten Welt etwas für die Gesundheit der Menschen tun möchte, sollte als Erstes dafür sorgen, dass es für alle Toiletten gibt. Und er sollte dafür sorgen, dass das, was in die Toiletten kommt, sauber entsorgt wird und nicht möglicherweise das Trinkwasser verschmutzt.

Ratten werden nicht nur bekämpft, weil sie vor Weihnachten möglicherweise die Plätzchenvorräte wegmampfen, sondern vor allem, weil sie als gefährliche Krankheitsüberträger gelten.

Dass in Europa die Menschen heute im Schnitt viel älter werden als noch vor 100 Jahren, verdanken sie also nicht nur Ärzten, denen es heute möglich ist, kranke Herzen oder Nieren mit Techniken zu operieren, die früher Science-Fiction waren. Es hat vor allem damit zu tun, dass das Abwasser gereinigt wird und in ganz Europa sauberes, weitgehend von Mikroben freies Trinkwasser aus den Wasserhähnen kommt. Es ist nicht lange her, da war das noch ganz anders.

Noch vor rund 125 Jahren sind in Hamburg weit über 8000 Menschen an einer Krankheitswelle gestorben, die heute in Deutschland undenkbar wäre. Im Jahr 1892 wütete in der norddeutschen Großstadt die Krankheit »Cholera«, die zu einem entsetzlichen Brechdurchfall führen kann. Verbreiten konnte sie sich vor allem deshalb, weil das Abwasser zum großen Teil ungeklärt in die Elbe schwappte. Gleichzeitig kam aus dem Fluss auch das Wasser, das viele Hamburger zum Trinken und Kochen benutzten. Die Cholerabakterien konnten sich daher rasant und massenhaft ausbreiten.

Um 1892 die Cholerakranken in Hamburg behandeln zu können, reichten Krankenhäuser nicht aus. Lazarettzelte mussten aufgestellt werden

Manche Hygieniker hatten es allerdings schwer, ihre Ideen zu verbreiten. Der Ungar Ignaz Semmelweis beschrieb Mitte des 19. Jahrhunderts, dass Ärzte immer wieder Krankheitskeime auf junge Mütter übertrugen. Die Frauen starben oft am sogenannten »Kindbettfieber«. Semmelweis erkannte, dass die Ärzte Krankheitserreger an ihren Händen haben mussten. Er ordnete an, dass sich alle Mediziner in seiner Geburtenabteilung die Hände nicht nur waschen, sondern auch desinfizieren mussten. Daraufhin ging die Zahl der Erkrankungen und auch die der Todesfälle bei den Müttern rasant zurück. Seife und Desinfektionsmittel retteten Leben.

Es dauerte aber viele Jahre, bis sich die Erkenntnis durchsetzte, dass von den Händen eines Arztes Gefahr ausgeht, wenn er sie nicht ordentlich

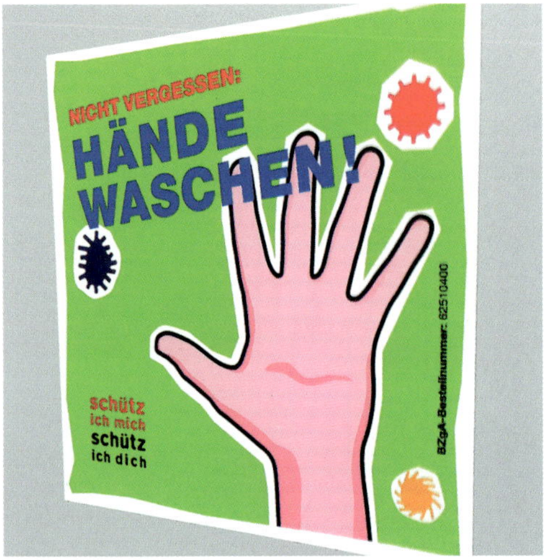

Dieser Ratschlag an der Toilettentür eines Gymnasiums ist wirklich klug – auch wenn nicht ganz klar wird, ob die roten, schwarzen, gelben Dinger Bakterien sein sollen.

wäscht und desinfiziert. Auf Hygiene zu achten, ist heute für Mediziner eine der wichtigsten Vorschriften. Allerdings halten sich immer noch nicht alle Mediziner so genau daran, wie es nötig wäre.

Den Bakterienbeelzebub mit dem Putzteufel austreiben?

Um Krankheitserreger auch außerhalb des Körpers abzutöten, sind in den vergangenen Jahrzehnten unzählige Desinfektionsmittel und -techniken entwickelt worden. Wer etwas für seine Gesundheit tun will, sollte allerdings auch die mit Vernunft einsetzen. Niemand muss in einem Privathaushalt panikartig mit Reinigungsmitteln und Desinfektionspräparaten hantieren, um sich gegen vermeintlich bedrohliche »Keime« zu schützen. Eine Toilette in Westfalen ist nicht das Gleiche wie eine Ebolastation in Westafrika. Tatsächlich geht die Gefahr ganz selten von Orten aus, die als besonders eklig gelten, wie etwa Zugtoiletten. Schlecht mag einem ja werden, aber krank wird man an solchen Orten eher nicht.

Wer in einem normalen europäischen Haushalt lebt und dauernd das Klo mit Desinfektionstüchern oder -sprays reinigt, unternimmt also nichts für seine Gesundheit und auch nicht für die seiner Familie. Wer so etwas macht, tut nur etwas für die Gewinne der Hersteller solcher Tücher und

Sprays. Und es gibt Menschen, bei denen die Sehnsucht nach einer bakterienfreien Umwelt selbst zur Krankheit wird. Psychologen und Psychiater sprechen dann vom »Waschzwang«.

Wer es mit dem »modernen Mikrobenwahn« übertreibt, verschwendet aber nicht nur Geld, er kann auch echten Schaden anrichten. Es gibt Hinweise darauf, dass die steigende Zahl von Allergien gerade bei Kindern und Jugendlichen damit zusammenhängt, dass viele Menschen immer weniger Kontakt mit Bakterien oder Viren haben. Das führt dazu, dass das Immunsystem dieser Menschen seltener mit den Krankheitserregern in Berührung kommt, mit denen es sich Hunderttausende von Jahren auseinandersetzen musste. In der Folge reagiert das Immunsystem selbst mit einer Krankheit: den Allergien.

Klo im Zug, ein Hort des Grauens?

! Überlebenstipp 6:

Ansteckende Krankheiten nicht auf die leichte Schulter nehmen, aber Antibiotika nur dann einnehmen, wenn es wirklich Sinn ergibt – sicher nicht bei Schnupfen. Sich mal mit der Frage auseinandersetzen: »Was sind Bakterien, Viren, Pilze eigentlich für Biester?« Am wichtigsten: Hände waschen. Gerne auch nach dem Toilettengang und vor dem Essen. Aber nicht in »Waschzwang« verfallen.

66

7 Menschengemachte unsichtbare Bedrohungen

Warum es so schwierig ist, mit Umweltveränderungen umzugehen, hinter denen der Mensch selbst steckt

Diese Warnung vor »Einsturzgefahr« hat nichts mit Erdbeben zu tun, sondern mit einer unsicher gebauten Rampe. Warum man nicht einfach eine Sperre davorstellt, bleibt ungeklärt.

Sturmfluten, Orkane, Erdbeben, Waldbrände, Vulkanausbrüche – seit es Menschen gibt, haben sie gute Gründe, die Natur zu fürchten. Millionen und Abermillionen sind im Laufe der Menschheitsgeschichte bei Überflutungen ertrunken, bei Erdbeben verschüttet, bei Stürmen erschlagen worden. Vor solchen Bedrohungen Angst zu haben und Schutzmaßnahmen zu ergreifen, ist also durchaus vernünftig: Häuser bauen, die nicht bei jedem Erdstoß oder Sturm gleich einstürzen. Deiche errichten, die Fluten eindämmen.

Zu solchen alten Umweltängsten sind neue gekommen, die auf zweifache Weise verunsichern. Diese Ängste richten sich zum einen auf etwas, das unsichtbar ist, wie saurer Regen, Ozonloch, Elektrosmog oder Klimakatastrophe. Zum anderen geht es dabei um Bedrohungen, die der Mensch selbst geschaffen hat. Wer Opfer eines Vulkanausbruchs wird, muss wenigstens kein schlechtes Gewissen haben, dass er diese Katastrophe selbst ausgelöst haben könnte (ein Fehler könnte es höchstens sein, dass er sein Haus zu nah am Vulkankrater gebaut hat). Wer hingegen weiß, dass Autofahren schlecht fürs Klima ist, der fühlt sich womöglich doppelt schlecht, wenn er in einem Rekordsommer ins völlig überhitzte Auto steigt. Er schwitzt. Und er fragt sich, ob er nicht selbst dran schuld ist. Denn das Kohlendioxid, das er aus dem Auspuff strömen lässt, gilt als Hauptgrund dafür, dass es weltweit immer wärmer wird.

Auffällig ist dabei: Welche der neuen Umweltgefahren die Menschen als besonders bedrohend empfinden, ändert sich laufend. Sie schwanken zwischen sinnvoller Sorge, Hysterie und Abstumpfung. Einige Beispiele der vergangenen Jahrzehnte:

Waldsterben

Im Jahr 1981 schlug die Zeitschrift *Der Spiegel* Alarm. »Der Wald stirbt«, titelte das Nachrichtenmagazin. Der Begriff »Waldsterben« stand 1983 auf der Auswahlliste zum »Wort des Jahres« der Gesellschaft für deutsche Sprache. »Erst stirbt der Wald, dann der Mensch« war damals oft zu lesen und zu hören. Und tatsächlich beobachteten Förster und Umweltforscher, dass viele Bäume in Deutschland erkrankt waren. Als Haupt-

Ein Land ohne Wälder, das war in den 1980er-Jahren eine Sorge vieler Menschen.

grund dafür wurde der »saure Regen« genannt. Abgase aus Kohlekraftwerken und auch Autos sorgten dafür, dass sich im Regen Säuren bildeten, die Fichten, Buchen oder Eichen absterben ließen.

Die Politik verordnete umfangreiche Umweltschutzmaßnahmen. Kraftwerksbetreiber wurden gezwungen, ihre Anlagen zu »entschwefeln«. Abgasreinigungssysteme für Autos, die heute völlig selbstverständlich sind, wurden in dieser Zeit eingeführt. Die Partei Die Grünen wurde in den 1980er-Jahren zum festen Teil der deutschen Politik, auch weil sie Themen wie das Waldsterben aufgriff. Bis heute ist allerdings umstritten, ob die Angst vor einem Verschwinden der Wälder in Deutschland übertrieben war oder ob die großen Sorgen, die viele Deutsche damals hatten, dafür gesorgt haben, dass die Wälder am Ende eben nicht verschwunden sind.

Von einer »selbstzerstörenden Prophezeiung« (englisch »Self-destroying prophecy«) ist die Rede, wenn eine Vorhersage so bedrohlich ist, dass die Menschen Maßnahmen ergreifen, damit diese Variante der Zukunft nicht eintrifft. (Das Gegenstück dazu ist die »selbsterfüllende Prophezeiung« oder »self-fulfilling prophecy«. Besonders häufig findet man die bei Prüfungen. Wer dauernd vor sich hin murmelt: »Das schaffe ich nie«, manövriert sich möglicherweise in eine Denkblockade, die dazu führt, dass er es tatsächlich nicht schafft.)

Ob die Angst vor einem »Waldsterben« die Wälder Europas gerettet hat oder ob alles etwas komplizierter ist, lässt sich also nicht eindeutig klären. Sicher ist aber in jedem Fall: Die Angst hat den Anstrengungen, die Umwelt weniger zu vergiften, einen gewaltigen Schub gegeben. Ohne Waldsterbenpanik wäre die Luft in Deutschland, Österreich oder Frankreich heute möglicherweise um einiges dreckiger, als sie es ist.

Ozonloch

Ein Umweltkiller, der weitgehend unschädlich gemacht werden konnte: die FCKW-haltige Spraydose.

In den 1980er-Jahren entdeckten Forscher, dass sich in der Ozonschicht, die die Erde gegen gefährliche Strahlen aus dem Weltall abschirmt, ein immer größeres Loch auftat. Ein Hauptgrund dafür waren von der Menschheit hergestellte Chemikalien: die Fluorchlorkohlenwasserstoffe (FCKW), die die Ozonhülle zersetzten. Zeitweise gaben die Deutschen in Umfragen an, ihre größte Sorge sei das wachsende Ozonloch. Im Jahr 1987 einigten sich Politiker aus Staaten aller Kontinente darauf, die FCKW in vielen Bereichen abzuschaffen. Die Vereinten Nationen haben eine eigene Unterbehörde eingerichtet, das »Ozone Secretariat«. In den folgenden Jahrzehnten hat sich die Ozonschicht tatsächlich erholt, auch wenn man noch nicht sagen kann: Das Loch ist zu. Inzwischen wissen viele – vor allem jüngere – Menschen gar nicht mehr, was mit dem Wort »Ozonloch« gemeint ist. Ein

Wenn Handystrahlen gefährlich sein sollten, dann wäre diese Gefahr flächendeckend verbreitet.

bemerkenswertes Beispiel dafür, dass die Menschheit durchaus in der Lage ist, selbst gemachte Gefahren zu erkennen und zu bekämpfen.

Handystrahlung – Elektrosmog

Wenn man Zeitungsarchive nach dem Wort »Elektrosmog« durchscannt, ist eindeutig: Um die Jahrtausendwende war dieser Begriff ein großer Aufreger – in letzter Zeit nicht mehr so sehr. Im Jahr 2001 tauchte das Wort rund siebenmal so häufig in Zeitungen und Zeitschriften auf wie im Jahr 2013. Hinter der Angst vor »Elektrosmog« steckt die Sorge, dass elektromagnetische Wellen, die von Stromleitungen, Radiosendern, Handymasten oder WLANs ausgehen, Menschen krank machen.

Wissenschaftler haben Dutzende Studien zu der Frage erstellt. Die Ergebnisse sind widersprüchlich. Eines kann man aber sagen: Massiven und kurzfristigen Schaden richtet der »Elektrosmog« nicht an. Ein rasanter Anstieg von Hirntumoren ist zum Beispiel nicht zu beobachten, obwohl die Menschen heute viel dichter in elektromagnetische Wellen eingewoben sind als etwa im Jahr 1990. Bemerkenswert ist aber auch: Die Angst vor dem »Elektrosmog« war zu einer Zeit besonders groß, als es – im Vergleich zu heute – wenige Handys oder WLAN-Stationen gab. Wenn also Mobilfunkstrahlen tatsächlich Hirnzellen oder andere Körperzellen verschmoren sollten, dann wäre es sinnvoll, heute davor Angst zu haben. Im Jahr 2000 wäre die Angst weniger begründet gewesen.

Beim »Elektrosmog« ist also in jedem Fall eine Menge Unvernunft im Spiel. Wenn er weitgehend ungefährlich ist (wofür einiges spricht), dann war die Panik rund um die Jahrtausendwende übertrieben. Wenn er doch gefährlich sein sollte, ist die Coolness unvernünftig, mit der die Menschen des 21. Jahrhunderts mit WLAN-Strahlung, Smartphonestrahlung, Tabletstrahlung umgehen.

Diese Warnlampe über dem Getränkelager eines Gasthauses zeigt: Kohlendioxid kann in hohen Konzentrationen sogar tödlich sein. Aber das CO_2, das die Atmosphäre aufheizt, lässt leider keine Alarmlampen aufleuchten.

Klimakatastrophe

Es gibt immer noch Menschen, die bestreiten, dass das Klima sich ändert. Mitunter werden sie als »Klimaskeptiker« bezeichnet. Diese Leute behaupten, dass es unsinnig sei, weniger Öl, Kohle oder Erdgas zu verbrennen, um so das Klima zu schonen. Denn sie bestreiten, dass das Kohlendioxid, das beim Verbrennen von Kohle, Erdöl oder Erdgas entsteht, einen »Treibhauseffekt« auslöst, der dafür sorgt, dass es in vielen Teilen der Welt immer wärmer wird.

Klimaskeptiker nehmen eines nicht zur Kenntnis: Es gibt seit geraumer Zeit eine ganze Reihe von Messungen, die massive Hinweise darauf liefern, dass sich das Klima verändert. Und wer nicht mit Wissenschaftlern darüber reden möchte, der muss sich nur mit Weinbauern im Rheintal oder in Franken unterhalten, mit Olivenbauern in Italien oder mit den Betreibern von Skiliften in den Alpen oder im Harz. Alle werden das Gleiche sagen: Es ist heute wärmer als vor 30 oder 40 Jahren.

Das Klima funktioniert allerdings nicht nach simplen Gleichungen. Wie es sich entwickelt, hängt von vielen Faktoren ab. Vulkanausbrüche spielen ebenso eine Rolle wie die Frage, welche Pflanzen und Tiere sich wo wie entwickeln. Veränderungen in der Aktivität der Sonne wirken sich aus, aber ebenso die Art, wie sich die Erde um die Sonne dreht. Auch ohne den Einfluss des Menschen hat sich das Klima auf der Erde immer wieder verändert, mitunter dramatisch. Es gab Eiszeiten, es gab aber auch Zeiten, in denen es dort, wo heute Deutschland liegt, wesentlich wärmer war als heute. Und alles, ohne dass die Menschen am Temperaturregler gespielt hätten. Die Eiszeitmenschen, die vor 20 000 Jahren lebten, waren nicht schuld daran, dass es damals bitterkalt war.

Das alles ändert aber nichts daran: Wie es aussieht, sorgen derzeit die Menschen dafür, dass es in vielen Teilen der Erde immer wärmer wird. Damit sich die Erde nicht in einen allzu heißen Planeten verwandelt, ist es also sinnvoll, all das zu tun, was man unter der Überschrift »Klimaschutz« immer wieder hören kann: so wenig Öl, Kohle, Erdgas verbrennen wie möglich. Auf Energiequellen setzen, die dem Klima nicht schaden: Sonnenenergie, Windenergie, Wasserkraft.

Dabei haben die Menschen ein Problem mit ihrer eigenen Wahrnehmung. Der Homo sapiens – also der vernunftbegabte Mensch, wie er auf Latein heißt – kann zwar vieles. Langsame Veränderungen richtig wahrzunehmen, fällt ihm allerdings schwer. Oder zumindest erkennt der Mensch solche langsamen Veränderungen nicht als bedrohlich, auch wenn sie es durchaus sind.

Allerdings muss man auch sehen: Der Mensch ist wie kein anderes Lebewesen in der Lage, sich an veränderte Klimabedingungen anzupassen. Wenn das Thermometer regelmäßig mehr als 30 Grad zeigt, suchen sich die Menschen Möglichkeiten, viel Zeit im Schatten zu verbringen, oder sie installieren Klimaanlagen. Wenn das Thermometer monatelang unter null liegt, wie in den Polargebieten, wird entsprechend geheizt, und man läuft nicht im T-Shirt durch die Gegend.

An diese Art von Bedrohung wird man sich vielleicht bald schon zurücksehnen – dann, wenn es in Mitteleuropa endgültig keinen Winter mehr gibt – und auch keine Eiszapfen und Dachlawinen.

Wer heute in Dresden, München oder Köln wohnt, muss also keine Angst haben, dass er in 20 oder 30 Jahren am Klima-Hitzschlag stirbt. Dagegen Vorkehrungen zu treffen, wird den Menschen gelingen. Selbst wer in Hamburg oder Kiel lebt, muss wohl noch nicht fürchten, dass sein Haus absäuft, weil das Eis der Polkappen langsam abschmilzt. Deutschland ist reich genug, um für die nächsten Jahre und Jahrzehnte notfalls die Dämme an der Nord- und Ostsee höher aufzuschütten und immer mehr Klimaanlagen zu installieren.

Anders sieht es mit Menschen in armen Ländern aus. Für sie können Klimaveränderungen tatsächlich lebensbedrohend sein. Viele Bauern in Afrika, Asien oder Südamerika, die jetzt schon Probleme haben, von dem bisschen zu leben, was auf ihren Äckern wächst, werden hungern müssen, wenn immer größere Hitze ihre Ernten schmälert.

Und wenn man weiter in die Zukunft schaut, könnte folgendes Szenario eintreten: Schmilzt das Eis der Antarktis und Grönlands komplett ab, wird der Meeresspiegel um etwa 70 Meter steigen. Dann versinkt nicht nur Hamburg in den Fluten, sondern auch London und New York. Selbst in Berlin ragen dann nur noch einige kleine Inselchen aus dem Ozean. Die Niederlande würden von der Landkarte verschwinden, Dortmund wäre eine Küstenstadt. Beruhigend zu wissen, dass das frühestens in ein paar Tausend Jahren so weit sein könnte, oder? Sehr viel düsterer sehen solche Zukunftsszenarien etwa für die Einwohner der Malediven im Indischen Ozean aus. Das am tiefsten liegende und flachste Land der Welt könnte schon zum Ende unseres Jahrhunderts nicht mehr existieren. Denn damit die Inselgruppe komplett untergeht, reicht ein Anstieg des Meeresspiegels um zwei bis drei Meter.

! Überlebenstipp 7:

Sorry – aber wenn es um vom Menschen gemachte Gefahren geht, gibt es keine einfachen Tipps. Am ehesten: vor Umweltzerstörung und Klimawandel nicht die Augen verschließen, aber auch nicht in Fatalismus und Depression verfallen. Alles das machen, was man immer wieder lesen kann: beim Heizen, Stromverbrauchen, Spritverbrennen sparen und so mithelfen, dass gegengesteuert wird. Und: besser nicht auf die Malediven auswandern.

8 Strahlen für die Ewigkeit: die überflüssigste unsichtbare Bedrohung

Warum es wirklich klug ist, aus der Atomkraft auszusteigen – und auch draußen zu bleiben

Gehen wir an das Thema »Atomkraft« erst mal mit einem Witz heran.

Kennste den? Kommt einer ins Krankenhaus, weil seine Mandeln herausoperiert werden sollen. Fragt er den Arzt: »Wie oft geht die Operation bei Ihnen denn schief?« Sagt der Arzt: »In einem von tausend Fällen.« Fragt der Patient: »Wie oft haben Sie die OP schon gemacht?« Antwortet der Arzt: »Ich mache die einmal an jedem Arbeitstag – bis jetzt insgesamt 999-mal.« Sagt der Patient: »Dann würde ich lieber übermorgen wiederkommen.«

Schön blöd, der Patient, oder? Wie steht es dann aber mit schlauen Professoren, die sagen: »Ein wirklich schwerer Unfall in einem Kernkraftwerk passiert nur einmal in 10 000 Jahren.« Was solche Professoren nicht dazusagen: Selbst wenn diese Berechnung stimmt (worüber man lange streiten kann), weiß niemand, ob dieses »eine Mal in 10 000 Jahren« erst in 9999 Jahren und 364 Tagen sein wird oder vielleicht morgen. Im Kernkraftwerk im japanischen Fukushima hat es jedenfalls keine 10 000 Jahre gedauert, bis eine Katastrophe geschehen ist, von der es bis dahin hieß: »Das ist so gut wie ausgeschlossen!«

Alles geht schief – es ist nur eine Frage der Zeit

Wie viele Menschen durch die Strahlen, die in Fukushima freigesetzt wurden, bereits gestorben sind und noch sterben werden, lässt sich nicht zählen oder berechnen. Manche Schätzungen gehen von weit über 1000 aus, andere liegen deutlich darunter. Ein Grund für die ganz unterschiedlichen Schätzungen besteht darin, dass Radioaktivität auf unterschiedliche Weise töten kann. Wenn Kraftwerksarbeiter direkt hohen Dosen ausgesetzt werden, wie es beim Atomunfall in Tschernobyl 1986 der Fall war, dann können sie dadurch so geschädigt werden, dass sie innerhalb weniger Tage oder Wochen sterben. Daneben gibt es aber eine schwer zu berechnende Zahl von Menschen, die durch die Strahlung von Atomunfällen wie Fukushima oder Tschernobyl später an Krebs erkranken und auch sterben.

Wie viele Menschen durch radioaktive Strahlung umkommen, kann man also nur schätzen. Sicher aber ist eines: Das Versprechen der Kraftwerksbetreiber, dass sie die tödliche Gefahr, die von Kernbrennstäben ausgeht, immer unter Kontrolle haben, hat sich längst als falsch erwiesen. Das Wort

»Restrisiko«, von dem beim Thema Atomenergie oft die Rede ist, bedeutet eben vor allem: Es *wird* schiefgehen. Sonst wäre es ein »Nullrisiko«. Damit das »Restrisiko« zu einem Unfall führt, muss man nur lange genug warten. Und das Beispiel Fukushima 2011 oder der verheerende Kernkraftwerksunfall im ukrainischen Tschernobyl 1986 haben gezeigt: Manchmal muss man gar nicht sehr lange warten.

In Deutschland wurde lange Zeit über die Gefahren und Risiken der Kernkraft viel gestritten. Inzwischen scheint das Thema erledigt. Denn die Politik hat beschlossen, dass Deutschland seine Atomkraftwerke Stück für Stück abschaltet. Damit ist die Gesundheitsgefahr, die die radioaktive Strahlung mit sich bringt, aber überhaupt nicht gebannt. Weltweit sind weit über 400 Kernkraftwerke in Betrieb. Dutzende sind im Bau oder in der Planung, vor allem in China, Russland und den USA. Auch in Europa setzen viele Länder auf neue Atomkraftwerke, zum Beispiel Großbritannien, Frankreich, Tschechien und Polen.

Die Reaktorruine des Kernkraftwerks Tschernobyl wird noch Jahrzehnte, Jahrhunderte, Jahrtausende gefährlich verstrahlt sein.

Aber auch Deutschland wird nach seinem sogenannten Atomausstieg noch sehr, sehr lange mit der Kernkraft zu tun haben. Nämlich so lange, wie es dauert, bis Atommüll keine radioaktive Strahlung mehr abgibt – will sagen: Hunderttausende von Jahren. Das heißt: Für alle, die heute in Deutschland leben, wird das Thema

»Kernkraft und ihre Folgen« ein Problem bleiben. Dieses Problem wird auch dann nicht gelöst sein, wenn die Babys, die heute auf die Welt kommen, irgendwann im 22. Jahrhundert sterben. Auch die Kinder dieser Babys und deren Kinder werden das Problem an der Backe haben. Strahlende Zukunftsaussichten also.

Strahlenmüll für Jahrtausende

Besonders bitter dabei ist: Es gibt bislang kein einziges sogenanntes Endlager für hoch radioaktiven Atommüll auf der ganzen Welt – also einen Platz, von dem es heißt: »Hier haben wir das Problem mit dem lebensgefährlichen Kernkraftabfall gelöst.« Selbst Atomkraftfans, wie etwa die Regierungsmitglieder Frankreichs oder Chinas, haben hier nichts vorzuweisen. Die Menschheit häuft also jeden Tag beträchtliche Mengen von Atommüll an, der über Hunderttausende von Jahren Menschen töten kann. Doch sie hat keinen Plan, wie sich dieser Müll wirklich unschädlich machen lässt oder wie man ihn wenigstens sicher lagern kann.

»Aus den Augen, aus dem Sinn« – dieses Motto hat sich beim Atomlager Asse nicht bewährt.

Und wenn eines Tages jemand behauptet, dass er nunmehr eine Lösung für dieses Problem hat, dann muss man ihm erst mal gründlich misstrauen. Im 20. Jahrhundert gab es immer wieder vollmundige Ankündigungen, man könne den Atommüll tief in der Erde vergraben. Wenn man ihn an der richtigen Stelle verbuddele, werde nie etwas von den gesundheitsgefährlichen Stoffen wieder an die Oberfläche kommen, so lautete die Zusicherung. Inzwischen allerdings sind auch die überzeugtesten Atomkraftbefürworter mit solchen Versprechen vorsichtig geworden.

Irrtümer, Täuschungen, Lügen: das »Atomklo« Asse

Wenn es um Atommüll geht, haben sich viele Behauptungen früherer Jahre inzwischen als komplett falsch herausgestellt, mitunter als dreiste Lügen. Beispiel Asse: In diesem früheren Salzbergwerk in Niedersachsen ist jahrelang radioaktiver Müll eingelagert worden. Die Betreiber beziffern die Zahl auf genau 125 787 Atommüllfässer. Politiker, Ingenieure und Techniker haben im ordnungsliebenden, oberkorrekten Deutschland immer wieder behauptet: »Mit dem Strahlenmüll in der Asse wird es keine Probleme geben, der ist unter der Erde bestens aufgehoben.« Irgendwann hat sich allerdings herausgestellt, dass es in dem früheren Salzbergwerk an allen Ecken und Enden knirscht, blubbert, bröselt. In Wirklichkeit haben die Verantwortlichen die Asse benutzt wie ein Atomklo: Dreck rein, Deckel zu. Aus den Augen, aus dem Sinn. Heute heißt die Devise allerdings: Alles, was früher galt, stimmt nicht mehr. Die weit über hunderttausend Atommüllfässer sollen wieder aus der Erde geholt werden. Wie lange das dauert und wo die Dinger hinsollen, darauf hat niemand eine Antwort. Andere Atomklos zu finden, ist nicht so leicht.

Irgendwann wird sicher ein erstes sogenanntes »Endlager« irgendwo auf der Erde eröffnet werden. Es werden weitere folgen. Wann es so weit sein wird, weiß niemand. Eines aber kann man jetzt schon sagen: Dieses Lager wird nicht sicher sein. Damit es sicher wäre, müsste es die Garantie bieten, dass es radioaktiven Atommüll Hunderttausende Jahre abschirmt. In diesen Hunderttausenden von Jahren kann es Erdbeben geben, Meteoriteneinschläge, Vulkanausbrüche, Eiszeiten. Was es nicht geben kann während dieser Zeit: sicheren Schutz gegen solche Einflüsse.

Schöne Scheiße. Was also tun? Diejenigen, die heute leben, haben leider erst mal keine Wahl, ob sie sich mit dem Thema »Atommüll« beschäftigen wollen oder nicht. Auch wer auf hundert Demonstrationen gegen Kernkraft war, lebt in einer Welt, in der es immer Atommüll geben wird. Es geht also um zwei Sachen: Erstens muss man herausfinden, was die am wenigsten unsichere Aufbewahrung für Atommüll ist. Eine sichere Aufbewahrung gibt es nicht. Zweitens und ganz besonders wichtig: Es darf nicht immer mehr Atommüll entstehen. Dass in Deutschland heute der Atomausstieg beschlossene Sache ist, geht schon mal in die richtige Richtung. Ob dieser Beschluss auch in zehn oder zwanzig Jahren noch gilt, ist allerdings nicht sicher. Hier ist auch deine Meinung, deine Stimme gefragt, lieber Leser, liebe Leserin!

! Überlebenstipp 8:

9 Die Sonne – ein Todesstern?

Riskieren wir Gesundheit und Leben, wenn wir uns in die Sonne setzen?

Die tödliche Gefahr beim Schlauchbootfahren muss nicht immer von unten kommen, etwa in Form des weißen Hais. Auf einem Plakat, das im Jahr 2003 in deutschen Städten zu sehen war, kam die Todesgefahr am Badesee von oben. Eltern wurde geraten: »Holen Sie Ihr Kind aus der Sonne, bevor es jemand anderes tut.« Der in gruseliges Schwarz gekleidete Sensenmann, der auf dem Plakat neben fröhlichen Kindern zu sehen war, sollte klarmachen: Die Sonne kann einen umbringen. Also raus aus der Sonne! Denn ihre Strahlen können Hautkrebs auslösen. Und schwarzer Hautkrebs kann tödlich sein. Diese Botschaft wollte

Von wegen unbeschwertes Badevergnügen im Sommer.

die Arbeitsgemeinschaft Dermatologische Prävention (ADP) mit ihren Plakaten in möglichst viele Köpfe bringen.

Heißt das: Kinder, Erwachsene, Jugendliche sollten besser Angst vorm Sensenmann haben, wenn sie baden gehen? Auch wenn sie bei Sonnenschein auf der Parkbank sitzen? Und auch wenn sich jemand auf die Sonnenbank legt, um weniger käsig auszusehen? (Für unter 18-Jährige ist es übrigens seit dem Jahr 2009 verboten, sich im Solarium bräunen zu lassen – wegen der möglichen Gesundheitsgefahren.)

Bei einer Antwort auf diese Frage hilft mal wieder ein Blick auf einige Zahlen. Dabei kann man auf erschreckende Daten stoßen. Auf der Internetseite *www.hautkrebs-screening.de,* die die Arbeitsgemeinschaft Dermatologische Prävention eingerichtet hat, findet sich die Aussage: »Hautkrebs ist die weltweit am häufigsten auftretende Krebserkrankung.« Das klingt ernst, das klingt bedrohlich.

Berichte des Zentrums für Krebsregisterdaten, das mit Staatsgeldern finanziert wird, zeigen allerdings ein etwas anderes Bild. Dort werden alle Krebsarten miteinander verglichen. Schwarzer Hautkrebs tritt danach sehr viel seltener auf als Brustkrebs, Prostatakrebs, Lungenkrebs und Darmkrebs. Und bei der Anzahl an Todesfällen landet der schwarze Hautkrebs auf den hintersten Rängen.

In den vergangenen Jahren haben Wissenschaftler festgestellt: Von 450 Frauen, die sterben, ist nur bei einer die Todesursache schwarzer Hautkrebs. Hingegen kommt auf 30 tote Frauen eine, die an Brustkrebs gestorben ist. Es sterben also vergleichsweise wenige Menschen an schwarzem Hautkrebs.

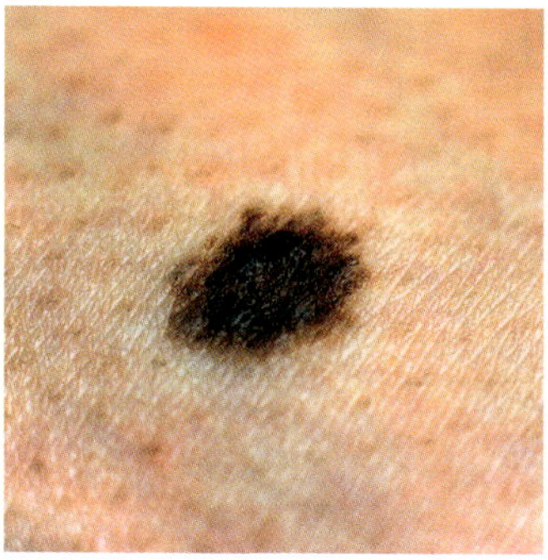
Leberfleck

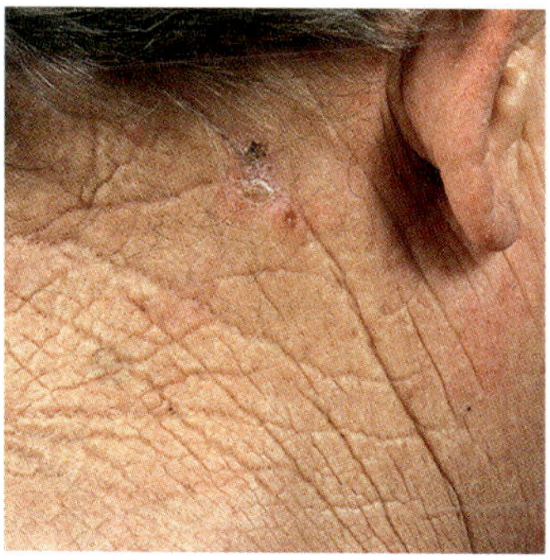
weißer Hautkrebs

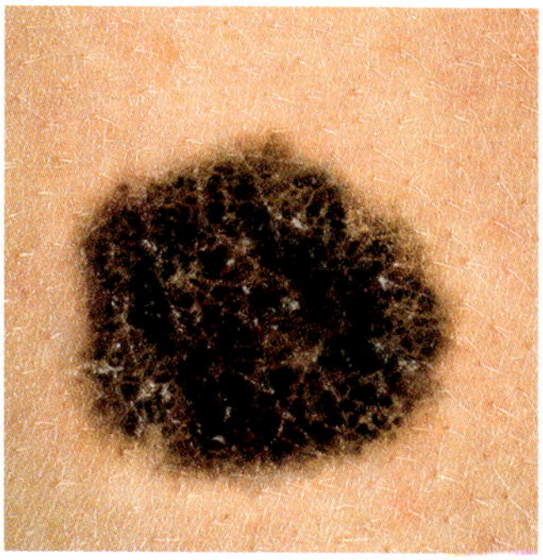
schwarzer Hautkrebs

Was stimmt denn nun? Woher kommt dieser Unterschied? Er erklärt sich so: Die ADP und das Zentrum für Krebsregisterdaten zählen verschiedene Dinge. Die ADP wirft alle Arten von Hautkrebs in einen Topf, neben dem schwarzen Hautkrebs auch den weißen Hautkrebs. Nun ist es aber so: Weißer Hautkrebs ist zehnmal häufiger als schwarzer. Das Zentrum für Krebsregisterdaten hingegen zählt den weißen Hautkrebs überhaupt nicht mit. Denn von ihm geht keine Lebensgefahr aus. Beim Zentrum für Krebsregisterdaten interessieren sich die Fachleute nur für den schwarzen Hautkrebs. Wobei es auch keineswegs ein Todesurteil ist, wenn ein Arzt zum Patienten sagt: »Sie haben schwarzen Hautkrebs.« Rund acht von zehn Patienten überleben die nächsten zehn Jahre, nachdem der Krebs gefunden wurde. Viele werden völlig geheilt.

Schwarz ist nicht Weiß

Krebs ist nicht gleich Krebs. Nicht einmal Hautkrebs ist gleich Hautkrebs. Es gibt verschiedene Zellarten in der Haut. Je nachdem, welche Sorte Zellen anfängt, sich unkontrolliert zu teilen, also zu Krebszellen zu werden, sprechen Mediziner von weißem Hautkrebs und schwarzem Hautkrebs (Fachbegriff: malignes Melanom). Der weiße Hautkrebs ist fast nie lebensgefährlich. Beim schwarzen Hautkrebs gehen die Veränderungen von den dunklen Zellen aus, die auch die Leberflecken bilden. Wenn diese Zellen außer Kontrolle geraten und nicht rechtzeitig behandelt werden, kann sich der Krebs auf alle Teile des Körpers ausbreiten. Damit kann der Schwarze Hautkrebs tödlich verlaufen. Wenn er rechtzeitig erkannt wird, ist die Aussicht auf Heilung aber vergleichsweise gut.

Natürlich ist jeder vermeidbare Todesfall einer zu viel. Und schwarzer Hautkrebs ist eine Krebsvariante, gegen die man wirklich vorbeugen kann: Sonnenbrände vermeiden, sich überhaupt nicht allzu viel der Sonne aussetzen. Aber man muss aufpassen, dass man nicht in Hysterie verfällt und in Dauerangst vor dem »Todesstern Sonne« lebt. Es ist auch falsch zu glauben, dass man auf der sicheren Seite ist, wenn man vom Sonnenanbeter zum Sonnenflüchter wird. Schwarzer Hautkrebs kann sogar an Stellen entstehen, an die extrem wenig Sonne kommt, etwa an den Fußsohlen. Und wer die Sonne meidet, der bildet in seiner Haut auch deutlich weniger lebenswichtiges Vitamin D. Sich zwanghaft vor der Sonne zu verstecken, ist also definitiv auch nicht gesund.

Lass mal nachschauen?

Ein anderes Instrument, von dem sich die Befürworter versprechen, dass es die Sterbezahlen durch schwarzen Hautkrebs senkt, sind Früherkennungsuntersuchungen. Dabei schaut sich der Arzt die gesamte Haut von Kopf bis Fuß an. Vor allem auffällige Leberflecken werden oft mit einer besonderen Lupe untersucht. Viele Krankenversicherungen zahlen diese Untersuchungen schon bei Kindern und Jugendlichen. Und das, obwohl schwarzer Hautkrebs bei jungen Menschen sehr viel seltener auftritt als bei älteren.

Dabei haben viele Menschen (leider auch Ärzte) eine falsche Vorstellung davon, was eine Früherkennungsuntersuchung leisten kann. Es ist ein weitverbreiteter Irrglaube, eine solche Untersuchung könne verhindern, dass Krebs entsteht. Deshalb sprechen viele auch von »Vorsorge« oder »Vorsorgeuntersuchungen«. Eine echte Krebsvorsorge ist allerdings etwas anderes. Nicht zu rauchen wäre beispielsweise tatsächlich Vorsorge. Denn Nichtraucher erkranken nachweislich seltener an Lungenkrebs als Raucher. Wer nicht raucht, betreibt also Vorsorge dagegen, dass Zellen zu Krebszellen werden. Wenn es um die Haut geht, ist es Vorsorge, Sonnenbrände zu vermeiden. Denn die können Hautkrebs auslösen.

Wenn aber ein Arzt eine Früherkennungsuntersuchung vornimmt, kann er damit nicht verhindern, dass Krebs entsteht. Er kann höchstens Krebs, der bereits da ist, finden und möglicherweise behandeln. Einen sprachlichen Unterschied zu machen bei der Verwendung der Wörter »Vorsorge« und »Früherkennung«, ist also nicht nur Wortklauberei. Sondern es geht darum, sich eines vor Augen zu führen: Wenn man Vorsorge gegen eine Krankheit wie Hautkrebs betreiben kann, etwa indem man sich nicht besinnungslos in der Sonne oder in Solarien grillt, dann sollte man das tun – auch und gerade als junger Mensch. Der Nutzen etlicher Früherkennungsuntersuchungen hingegen ist eher zweifelhaft, besonders bei Jüngeren. Denn die Krankheiten, nach denen gesucht wird – wie etwa Krebs –, treten vielfach vor allem bei älteren Menschen auf. Danach zu suchen, kann aber Schaden anrichten. Nicht nur bei alten Menschen, sondern auch bei jungen.

Viel untersuchen heißt nicht: viel heilen

Mit Hautkrebs-Früherkennung kann – wie mit jeder medizinischen Maßnahme – ein Schaden verbunden sein. Es werden Hautflecken herausgeschnitten, bei denen sich hinterher zeigt, dass sie völlig harmlos waren. Wer gar nicht erst zum Arzt geht, erspart sich die damit verbundene Narbe. Es gibt aber auch eine andere Konstellation, in der der Schnitt in die Haut Schaden anrichtet und keinen Nutzen bringt. Es kommt vor, dass die Ärzte Hautflecken herausschneiden, von denen sich im Labor herausstellt, dass sie Krebszellen enthalten. Nun könnte man sagen: »Hurra, wir haben den Krebs so frühzeitig entdeckt, dass keine Gefahr mehr von ihm ausgeht!« Das kann aber ein Irrtum sein. Es kommt vor, dass Krebszellen völlig unauffällig bleiben, das heißt, dass sie nicht zur Krebserkrankung führen: Man lebt ohne Beschwerden mit diesem Krebs. Und es kann geschehen, dass der Körper die Krebszellen alleine wieder kleinkriegt, ohne Operationen oder Medikamente. In einem solchen Fall muss gelten: Man ist besser dran, wenn man nichts davon erfährt, dass man Krebszellen im Körper hat – oder hatte.

Diese Konstellation, bei der Ärzte von »Überdiagnose« sprechen, ist nicht nur ein abgedrehtes Gedankenspiel. Es hat sich bei Massenfrüherkennungsuntersuchungen zu verschiedenen Krankheiten gezeigt: Oftmals finden die Mediziner mehr Krankheitsfälle, als sie erwartet hatten. Sie beginnen dann, diese zusätzlichen Krankheitsfälle zu behandeln. Dabei wissen sie aber nicht, wie viele Patienten darunter sind, die ohne Behandlung niemals Probleme mit der Krankheit gehabt hätten. Eine Krankheit, wohlgemerkt, die erst durch die Früherkennung gefunden wurde.

Was hingegen sicher ist: Jede Behandlung kann Schäden anrichten. Schäden, die nicht eintreten würden, wenn man keine »Überdiagnose« betrieben hätte. Die Folge dieser »Überdiagnose« ist also eine »Übertherapie«. Bei Früherkennungsuntersuchungen zu einer bestimmten Art von Hirntumor unter Babys wurde nach einer gewissen Zeit klar: Hier wurde nachweislich Schaden angerichtet, zum Beispiel durch belastende Behandlungsmethoden wie Hirnoperationen. Aber als man sich die Zahlen unter der Fragestellung anschaute: »Sorgt das Früherkennungsprogramm dafür, dass weniger Babys an diesem Hirntumor sterben?«, kam man zu dem Ergebnis: nein. Also stellte man konsequenterweise diese Programme wieder ein. (Siehe auch Kapitel 10.)

Wie die Bilanz bei der Hautkrebs-Früherkennung aussieht, ist noch nicht beantwortet: Wie viel Nutzen schafft sie wirklich, wie viele Menschen werden tatsächlich durch sie gerettet? Wie viel Schaden richtet sie an? Bei dieser Frage geht es nicht nur um Überdiagnosen, sondern auch um den Schaden, der entsteht, weil die Krankenkassen viel Geld ausgeben, das dann an anderer Stelle fehlt.

Stellt sich die Frage, warum viele Ärzte, Krankenkassen und Verbände ohne jede Einschränkung für die Hautkrebs-Früherkennung trommeln. Darauf gibt es viele Antworten. Zwei Dinge sind sicher korrekt: Ärzte wollen Patienten so gut helfen, wie sie nur können. Wenn sie beginnen, eine Maßnahme – wie etwa Früherkennungsprogramme – für richtig zu halten, neigen sie aber dazu, den Nutzen dieser Maßnahme zu überschätzen. Gleichzeitig unterschätzen sie den Schaden. Ärzte sind auch nur Menschen. Sie können sich irren, sie können einen verzerrten Blick auf die Wirklichkeit haben. Nur sie selbst glauben das nicht gerne. Ist aber so.

Und zusätzlich darf man, wenn es um Gesundheit geht, eines nie vergessen: Hier geht es immer auch um Geld. Mit Früherkennungsuntersuchungen können Ärzte einiges verdienen. Und Krankenkassen können ihren Versicherten sagen: »Wir sind bei der Erstattung dieser Früherkennungsuntersuchung großzügiger als die Konkurrenz! Komm zu uns! Wir sind besser als die anderen Kassen!« Auf diese Weise wollen Krankenkassen sich eine bessere Position im Wettbewerb um Mitglieder verschaffen.

Vielleicht übertreibt es nicht nur dieser Vierbeiner mit der Hautkrebs-Früherkennung.

Und viele Versicherte denken: »Eine Krankheit vermeiden, die mich sonst vielleicht umbringt? Ohne zusätzliche Kosten? Super Sache.« Früherkennungsuntersuchungen sind »in«. Ärzte, Krankenversicherer und die Versicherten selbst laufen also aus verschiedenen Gründen alle in die gleiche Richtung, so wie Büffel bei einer Stampede in die gleiche Richtung rennen. Oder Lemminge. Die richtige Richtung muss es deshalb noch lange nicht sein.

! Überlebenstipp 9:

Sonnenbrände vermeiden. Aber: keine Todesangst beim Anblick des »Todessterns Sonne«. Wer seltsame Hautveränderungen bei sich oder anderen entdeckt, sollte mal einen Arzt draufschauen lassen. Doch es gilt auch: Wer ohne jeden Hinweis auf eine Krankheit zum Arzt geht, sollte vorher überlegen, was die Vor- und Nachteile einer solchen Untersuchung sind. Und: Wer den Gedanken »Du musst immer wieder zum Arzt gehen, auch wenn du nicht den allergeringsten Hinweis auf eine Krankheit hast« in seinen Kopf lässt, der hat ruckzuck die dauerhafte Angst in seinem Kopf: »Ich könnte ja eine tödliche Krankheit haben, nur ist sie noch nicht entdeckt! Auweia!« Will man diese Angst im Kopf haben?

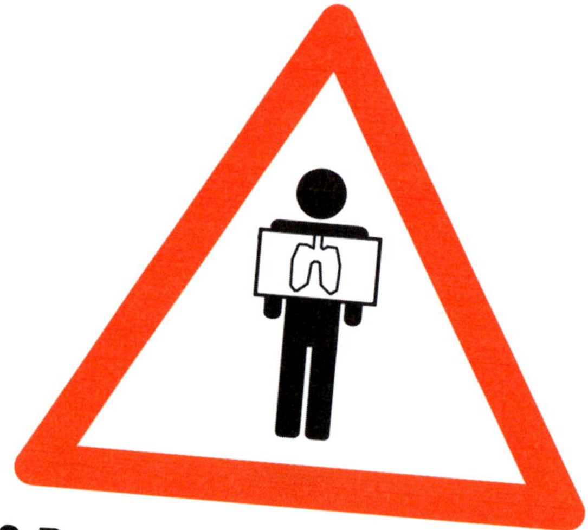

10 Tödlich oder Lebensretter?

Sind alle Untersuchungen stets völlig harmlos?

Der Doktor hat seine Arbeit gut gemacht, auf den ersten Blick zumindest. Toms Arm wird sicher wieder heil. Der Doktor hat dummerweise aber auch dafür gesorgt, dass Tom in 30 Jahren stirbt. Blöd gelaufen. Aber: Wie kann das sein?

Der beste Stürmer der C-Jugend seines Ortes bricht sich den Unterarm, als er bei einem Punktspiel von einem gegnerischen Verteidiger umgesäbelt wird und unglücklich stürzt. Der Arzt im Krankenhaus macht eine Röntgenaufnahme. Als er auf dem Bild erkennt, wie der Bruch aussieht, weiß er, dass man nicht operieren muss. Ein richtig angelegter Gips genügt, damit Toms gebrochener Knochen wieder perfekt zusammenwachsen kann. Einige Wochen später schießt der Arzt noch ein Röntgenbild, um nachzusehen, ob alles wirklich so heilt, wie es soll. Das tut es. Die Dinge kommen also erst mal wieder in Ordnung für Tom. Was er und sein Arzt nicht wissen: Die Röntgenstrahlen haben das Erbgut in Toms Zellen beschädigt. Mit der Folge, dass einige Zellen viele Jahre später außer Kontrolle geraten und beginnen, sich ungebremst zu teilen. Tom bekommt Krebs. Ein großer Tumor wächst aus seinem Knochen. Tom stirbt daran.

Halt! Entwarnung! Röntgenstrahlen – so wie sie in Arztpraxen und Krankenhäusern angewendet werden – sind keine Killerstrahlen! Im Gegenteil: Die Strahlen, die nach Wilhelm Conrad Röntgen benannt sind, helfen, Krankheiten zu erkennen und Menschenleben zu retten.

Aber mit den Röntgenstrahlen ist es so wie mit fast allem, was mit Gesundheit zu tun hat: Sie bringen nicht nur Nutzen, sie können auch Schaden anrichten (ja, wir wiederholen uns). Wenn es schlecht läuft, tödlichen Schaden. Es gibt Berechnungen, wonach in Deutschland rund 2000 Menschen pro Jahr durch Röntgenstrahlung an Krebs erkranken. Krebs muss zwar keineswegs tödlich verlaufen. Aber je nachdem, welches Organ befallen ist, geht es um eine lebensgefährliche Krankheit. Es gibt auch Schätzungen, die von deutlich mehr als 2000 Röntgen-Krebskranken sprechen. Niemand weiß genau, wie viele es sind. Sicher ist nur: Es ist keine ganz kleine Zahl.

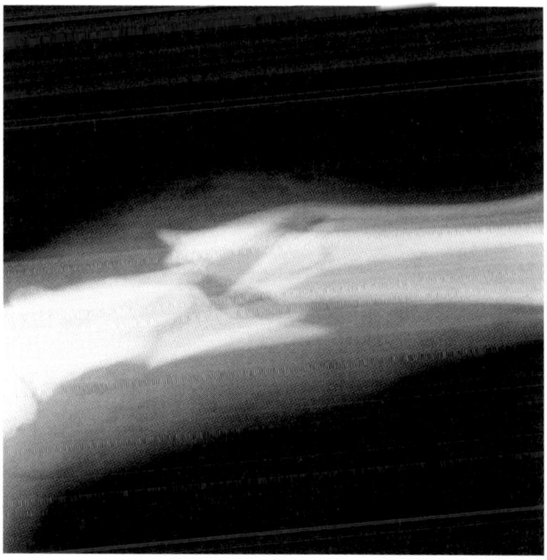

Einen solchen Knochenbruch ohne Röntgenuntersuchung zu behandeln, wäre schwierig. Wenn zu oft Strahlen verschossen werden, richten sie aber unter Umständen Schaden an.

Ein spektakulärer Zufallsfund

Es war eine Menge Zufall dabei, als Wilhelm Conrad Röntgen im November 1895 eine bis dahin unbekannte Art von Strahlung entdeckte. Erstmals konnte man mit diesen Strahlen darstellen, was sich unter der menschlichen Haut befindet oder auch hinter der Oberfläche eines Gegenstandes. Röntgen selbst nannte die Strahlen »X-Strahlen«. In vielen Ländern heißen sie heute noch so, auf Englisch beispielsweise X-rays. In den deutschsprachigen Ländern wurden sie nach ihrem Entdecker benannt. Röntgen wurde so dafür geehrt, dass er eine bahnbrechende Entdeckung gemacht hatte. Umgehend wurden die Strahlen dazu eingesetzt, Krankheiten besser erkennen zu können. Bis heute sind sie für Ärzte auf der ganzen Welt enorm wichtig. Aber auch zum Beispiel Rohrleitungen in Kraftwerken werden mit Röntgenstrahlen untersucht, ob sie gefährliche Risse aufweisen. An Flughäfen werden sie eingesetzt, um Sprengstoff oder Waffen in Gepäckstücken aufzuspüren.

Kleine Beschädigung mit großen Folgen

Der Grund, warum Röntgenstrahlen Krebs auslösen können: Sie haben etwas mit radioaktiven Gammastrahlen gemeinsam. Sie können Teile aus den kleinsten Bausteinen, aus denen auch der menschliche Körper zusammengesetzt ist, herausschlagen, also aus Atomen oder Molekülen. Wenn die Dosis sehr hoch ist, zerstört die Strahlung die Körperbausteine in kürzester Zeit. Die sogenannte »Strahlenkrankheit« kann sehr schnell tödlich sein. Solche hohen Strahlendosen treten jedoch nur in extremen Ausnahmesituationen auf, bei Katastrophen in Atomkraftwerken, wie etwa im japanischen Fukushima, oder durch Kernwaffen, wie sie die

US-Armee über den japanischen Städten Hiroshima und Nagasaki gezündet hat.

Doch auch wenn die Strahlendosis sehr niedrig ist, etwa bei Röntgenaufnahmen in Arztpraxen oder Krankenhäusern, kann es sein, dass die Röntgenstrahlen Moleküle beschädigen, auf denen die Erbinformation der Zellen gespeichert ist. Das wiederum kann dazu führen, dass diese Zellen irgendwann zu Krebszellen werden.

Das Dumme ist: Es gibt keine Dosisgrenze, bis zu der die sogenannten ionisierenden Strahlen völlig ungefährlich wären. Schon eine einzelne Röntgenaufnahme kann – wie in der erfundenen Geschichte von Tom – fatale Folgen haben. Was es gibt: eine steigende Wahrscheinlichkeit, dass die Strahlung tatsächlich Schaden anrichtet, je häufiger und intensiver ihr jemand ausgesetzt ist. Je öfter ein Mensch geröntgt wird, desto höher ist die Wahrscheinlichkeit, dass er irgendwann an Krebs erkrankt. Doch es gibt keine zwingende Gesetzmäßigkeit. Es kann sein, dass jemand in seinem Leben 100- oder 200-mal geröntgt wird und nie an Krebs erkrankt. Es kann aber auch sein, dass jemand durch eine oder zwei Aufnahmen eine böse Schädigung erleidet.

Die Erzählung von Tom ist also einerseits richtig. Andererseits ist sie auch falsch. Denn sie macht den Eindruck, man könnte die Geschichte sozusagen umdrehen und sagen: »Wenn der Arzt den 14-Jährigen *nicht* röntgt, dann bleibt dem Jungen später der Krebs erspart.« Das ist ein Irrtum. Ob die Strahlen Toms Zellen beschädigen, kann niemand sicher vorhersagen. Es kann aber auch niemand sicher ausschließen. Und: Wenn ein 50-Jähriger an Krebs erkrankt, kann niemand rückblickend sagen: »*Diese* eine

Röntgenaufnahme am 16.07.1988 um 14:12 Uhr war schuld.« Eine solche Aussage wäre unsinnig. Es lässt sich kein Beweis führen.

Eindeutig belegt ist hingegen: Wenn man die Lebensgeschichten von hunderttausend Menschen betrachtet, die oft Strahlen ausgesetzt waren, und sie mit den Lebensgeschichten von hunderttausend Menschen vergleicht, die wenig Strahlung ausgesetzt waren, dann wird man in der ersten Gruppe mehr Krebskranke finden. Es gibt Beweise, dass Röntgenstrahlen schädigen.

Auch beim Thema Röntgen gilt also: Es gibt keine Sicherheit. Es geht um das Abwägen von Risiken und Nutzen. Beim Fußballer Tom wäre dieses Abwägen einfach. Das Risiko, durch das Röntgen eines verletzten Arms Krebs auszulösen, ist extrem gering. Es kann passieren, aber es ist sehr, sehr unwahrscheinlich. Das Risiko, dass ein gebrochener Arm schlecht verheilt, weil niemand den Bruch genau erkannt hat, ist hingegen viel realer. Das Röntgenbild, das zeigt, was unter Toms Haut los ist, bringt also klar einen großen Nutzen. Darauf zu verzichten, wäre nicht vernünftig, wenn man diesen Nutzen gegen den möglichen Schaden abwägt.

Bitte mal still halten

Auch wer ein hübsches Lächeln ohne schiefe Zähne haben möchte, wird vom Kieferorthopäden gesagt bekommen: »Bevor die Spange eingesetzt wird, muss das Gebiss geröntgt werden.« Der Nutzen (ein hübsches und perfekt funktionierendes Gebiss) sei weit größer als der mögliche Schaden, wird der Kieferorthopäde erklären, wenn man denn nachfragt. »Die Strahlendosis ist minimal, das damit verbundene Risiko also auch.« Immer wieder mal nachzufragen, ist dabei nicht falsch. Es ist schon in Ordnung, sich den Kiefer durchleuchten zu lassen, bevor man Brackets oder anderes Metall in den Mund gesetzt bekommt. Aber es hat eben auch seinen Grund, dass die Arzthelferin in den Nebenraum geht, wenn sie das Röntgenbild schießt. Völlig harmlos sind die Strahlen nicht. Die Arzthelferin will deshalb so wenig wie möglich davon abbekommen.

Einen Arm zu röntgen, der möglicherweise gebrochen ist, ist also kein Fehler. Auch die Röntgenaufnahme beim Kieferorthopäden geht in Ordnung. Aber heißt das, dass man über jede Röntgenaufnahme sagen kann: »Passt schon«? Ist ein Arzt ein guter Arzt, wenn er bei Bauchschmerzen ein Röntgenbild macht mit den Worten: »Damit wir ganz sicher sind und nichts Schlimmes übersehen«? Macht ein Arzt das Richtige, wenn er jede Schulter durchleuchtet, von der ein Patient sagt: »Die tut weh«? Klare Antwort: nein.

Es gibt solche Ärzte. Sie übertreiben es mit dem Röntgen. Denn sie setzen die Strahlung auch dann ein, wenn man vernünftigerweise keinen echten Nutzen von der Untersuchung erwarten kann. Damit erhöhen sie die Wahrscheinlichkeit, dass Menschen an Krebs erkranken. Und es gibt noch einen anderen Schaden, den Röntgenaufnahmen anrichten können.

Das hätte ich lieber nicht gewusst ...

»Da ist etwas, von dem wir noch nicht genau wissen, was es ist.« Das ist ein Satz, den man als Patient lieber nicht von einem Arzt hört. So wie etwa die Eltern der 12-jährigen Laura, die nach einem Sturz auf den Kopf im

Krankenhaus geröntgt wurde. Das Bild zeigte: Der Sturz hatte das Gehirn nicht verletzt. Deshalb waren die Eltern froh über das, was der Arzt am Anfang sagte, als er die Röntgenaufnahme erklärte. Als er dann aber weiterredete, waren die Eltern erst einmal schockiert. Der Arzt meinte: »Wir haben da etwas Raumgreifendes gefunden.«

»Etwas Raumgreifendes«, das kann in der Medizinersprache Krebs sein. Es kann aber auch sein, dass sich nur eine harmlose Flüssigkeit angesammelt hat, die von selber wieder verschwindet. So war es bei Laura. Wenn ihr Kopf nicht geröntgt worden wäre, hätten ihre Eltern keine schlaflosen Nächte gehabt. Sie hätten nicht voller Angst den furchtbaren Gedanken gewälzt: »Sie wird doch keine Krebsgeschwulst im Kopf haben?«

Auch im Fall von Laura haben die Röntgenstrahlen also einen Schaden verursacht. Sie haben Menschen Angst gemacht, sie verunsichert. Man könnte nun sagen: »Aber es war ja am Ende nichts. Alles halb so schlimm. Schwamm drüber.« Doch es gibt Studien, die zeigen: Wenn Menschen hören: »Es könnte Krebs sein«, dann fährt vielen der Schreck so tief in die Glieder, dass für den Rest ihres Lebens etwas von dieser Angst zurückbleibt. Auch wenn hinterher die Entwarnung des Arztes kommt: »Nein, es ist kein Krebs.« Diese Menschen erleiden einen echten Schaden.

Untersuchung ohne Sinn – aber mit schlimmen Folgen

Die Botschaft »Da ist etwas« kann aber auch auf andere Weise Schaden anrichten. So sind Ende des 20. Jahrhunderts in einer Reihe von Ländern Babys massenhaft auf eine bestimmte Art von Hirntumor untersucht worden, das Neuroblastom. Dazu wurde zunächst ihr Urin auf Stoffe untersucht, von denen bei Kindern mehr im Harn zu finden ist, wenn sie an einem Neuroblastom leiden. Bei den Babys, die auffällige Werte hatten, wurden zusätzliche Untersuchungen vorgenommen, wie etwa Röntgenaufnahmen. Auf diese Art konnte man ein Neuroblastom bei Kindern entdecken, bevor die Geschwulst irgendwelche Beschwerden auslöste. Das klingt nach einem Erfolg dieser Massenuntersuchung.

Allerdings stellten die Ärzte nach einigen Jahren fest: Die Zahl der Kinder, die an Neuroblastomen starben, ist trotzdem nicht gesunken. Dafür gibt es eine doppelte Erklärung. Eine Krankheit – wie etwa das Neuroblastom – aufzuspüren, heißt nicht automatisch, dass man diese Krankheit besser heilen kann. Und es kann geschehen, dass jemand ein solches Neuroblastom im Kopf hat, es fällt aber niemals auf und verschwindet von alleine wieder.

Das heißt: Das angestrengte Suchen nach Neuroblastomen führte dazu, dass mehr Kinder behandelt wurden. Es gab dabei auch eine Überraschung: Die Ärzte fanden wesentlich mehr Neuroblastome, als sie erwartet hatten. Babys wurden operiert oder bekamen ausgesprochen aggressive Medikamente. Die Behandlung hatte also negative Folgen für die Kinder. Doch es sind nicht weniger Kinder an Neuroblastomen gestorben. Unterm Strich haben diese Massenuntersuchungen also keinen Nutzen gebracht. Für einzelne Kinder brachten sie eher Schaden. Für die Kinder nämlich, deren Neuroblastom ohne diese Untersuchungen niemals aufgefallen wäre und die nie daran erkrankt wären.

Die Erkenntnis, die sich daraus ziehen lässt: »Mal nachschauen, ob da etwas ist, obwohl ich gar nichts merke« – dieses Motto scheint nur auf den ersten Blick ganz vernünftig zu klingen. Es ist aber nicht vernünftig. »Einfach mal nachschauen« kann Schaden anrichten, bei Erwachsenen wie bei Kindern und Jugendlichen.

! Überlebenstipp 10:

Vor einer Untersuchung wie etwa Röntgen ruhig mal fragen, wozu sie gut ist. Wenn der Arzt eine vernünftige Begründung hat, kann er die auch sagen. Wer etwas mit seinem Körper anstellen lässt – wie etwa röntgen oder auch Blut abnehmen –, sollte sich Gedanken darüber machen, warum er es anstellen lässt. Gedanken über Nutzen und Risiko.

11 Die Brust muss weg!

Warum Angelina Jolie zu einer radikalen Maßnahme griff, um sich vor Krebs zu schützen – und was sich daraus lernen lässt

Spinnt die? Die Schauspielerin Angelina Jolie ist zum Weltstar geworden, auch weil sie einen perfekten Körper hat. Im Jahr 2013 hat sie aber das, was unter der Haut ihrer Brüste steckte, zum großen Teil herausnehmen und durch Implantate ersetzen lassen. Also noch mal die Frage: Spinnt die?

Nein, die spinnt nicht, fand zum Beispiel *Spiegel Online* und spendete Angelina Applaus dafür, dass sie ihre Operation öffentlich gemacht hat. »Damit tut sie einen Schritt für alle Frauen, die an Brustkrebs leiden oder daran erkranken könnten« war dort zu lesen. Denn Angelina Jolie hat mit der Operation ihr eigenes Risiko, an Brustkrebs zu erkranken, drastisch gesenkt. So erklärte sie den Eingriff. Und sich Gedanken zu machen, was man gegen Brustkrebs unternehmen kann, das ist nicht nur nach Ansicht von *Spiegel Online* ein dickes Lob wert.

Ist Angelina Jolies Entscheidung, sich die Brüste amputieren zu lassen, vorbildlich?

Das klingt erst mal gut und einleuchtend. Beim zweiten Durchlesen klingt es aber etwas merkwürdig. Nämlich so, als ob Angelina Jolie etwas für eine spezielle Gruppe von Frauen getan hätte – eben für die, »die an Brustkrebs leiden oder daran erkranken könnten«, wie es die *Spiegel*-Journalisten formulierten. Das Dumme an der Sache ist: An Brustkrebs können *alle* Frauen erkranken. Sogar Männer können Brustkrebs bekommen, die Wahrscheinlichkeit ist bloß sehr, sehr gering. Bei Frauen ist diese Krebsart dagegen leider alles andere als selten. Aufs ganze Leben gerechnet, erfährt eine von acht Frauen irgendwann, dass sie Brustkrebs hat. Wenn wir uns eine Schulklasse vorstellen, in der 16 gesunde Mädchen sitzen, dann werden – statistisch gesehen – zwei von ihnen im Laufe ihres Lebens irgendwann gesagt bekommen: Du hast Brustkrebs.

Was aber hat Angelina Jolie mit ihrer Entscheidung denn nun für diese Mädchen und erwachsenen Frauen getan? Die Suche nach der Antwort auf die Frage ist erst einmal verwirrend. Denn Angelina Jolies Entscheidung hat mit anderen Fragen zu tun, die sich nicht auf Anhieb einfach beantworten lassen: Wie wahrscheinlich ist es, an Brustkrebs zu erkranken? Ist die Gefahr bei den einen Frauen und Mädchen größer als bei anderen? Um wie viel ist die Gefahr größer? Was kann ich tun, um die Gefahr zu verringern? Muss ich als Mädchen oder Frau Angst vor meinen Brüsten haben? Kann es richtig sein, die Dinger ganz wegoperieren zu lassen?

Brustkrebs – kriege ich ihn auch?

Wie bitte? Was steht da ein paar Zeilen weiter oben? Jedes achte Mädchen von heute bekommt irgendwann Brustkrebs? Ein Mädchen, das so etwas liest, fragt sich sofort: »Muss ich also an Brustkrebs sterben, unter Schmerzen? Mit Glatze, weil mir die Chemotherapie alle Haare hat ausfallen lassen? Werde ich vom Krebs zerfressen, statt als zufriedene Oma im Lehnstuhl friedlich einzuschlafen?« Die Antwort auf diese Frage lautet: Bitte keine Panik. Sondern sich erst mal ein bisschen mit den Fakten beschäftigen.

Das BRCA-Netzwerk bietet durchaus seriöse Informationen. Aber ob ein Kindergesicht mit der Frage »Bekomme ich auch Krebs?« nicht zu viel Angst macht, darüber kann man streiten.

Fakt Nummer eins: Brustkrebs ist kaum ein Problem für Mädchen, sondern für ältere Frauen. Bis zum Alter von 20 Jahren kommt Brustkrebs so gut wie gar nicht vor. Frauen ab etwa 30 Jahren bekommen schon häufiger die Diagnose »Brustkrebs«. Am höchsten ist die Wahrscheinlichkeit bei Frauen im Alter zwischen 60 und 70 Jahren.

Je älter Frauen werden, desto mehr von ihnen erkranken an Brustkrebs. Die große Frage ist: Kann ich vorher, als 16- oder 36-Jährige, schon wissen, ob ich später eine von diesen Frauen sein werde? Oder ob ich möglicherweise schon früher daran erkranke? Und kann ich etwas unternehmen, damit in meinen Brüsten keine Krebszellen wachsen?

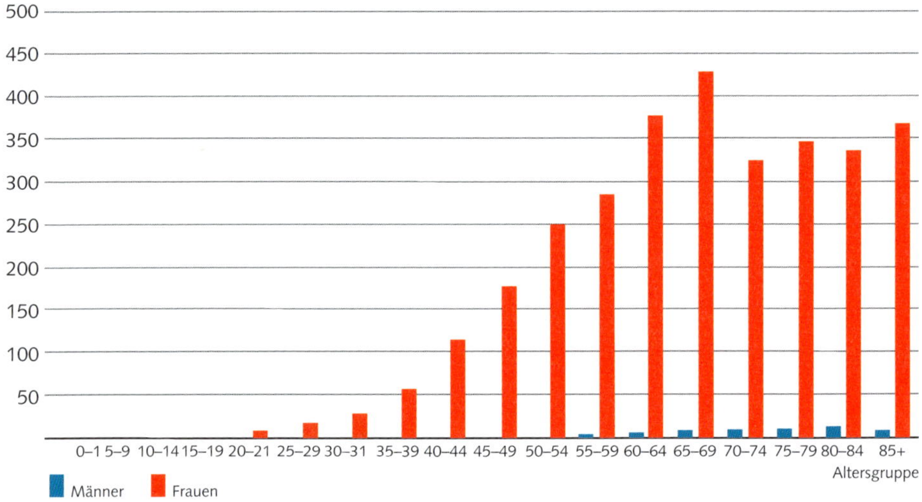

Die »altersspezifischen Erkrankungsraten« zeigen, wie viele Frauen einer bestimmten Altersgruppe pro Jahr an Brustkrebs erkranken: Die meisten Patientinnen sind älter als 50.
(Quelle: Robert-Koch-Institut)

Um Antworten auf diese Fragen zu geben, muss man sich erst mal mit Fakt Nummer zwei beschäftigen: Krebs ist nicht gleich Krebs. Er kann ganz unterschiedlich verlaufen. Und vor allem ist das *persönliche* Risiko, an Brustkrebs zu erkranken, von Frau zu Frau völlig verschieden.

Ein Schaden in den Genen

»Eine von acht Frauen bekommt irgendwann Krebs.« Das klingt so, als ob in einer Lostrommel acht Lose sind und auf einem steht: »Krebs.« Wer es zieht, hat Pech gehabt. So einfach ist es aber nicht. Einige Frauen haben in ihrem Erbgut einen Fehler, der dafür sorgt, dass es für sie wesentlich wahrscheinlicher ist, an Brustkrebs zu erkranken. Sie tragen ein Gen mit dem Namen BRCA. Hinter der Abkürzung steckt der englische

Begriff für Brustkrebs: BReast CAncer. Zu diesen Frauen gehört auch Angelina Jolie. Woher wusste sie das? In einem Zeitungsartikel erzählt sie etwas über Ängste, die die Familiengeschichte in ihr ausgelöst hatte. Ihre Mutter war mit Anfang 40 an Brustkrebs erkrankt und mit 56 Jahren gestorben. Auch eine Tante von Angelina Jolie litt an Brustkrebs und starb daran. Die Schauspielerin ließ deshalb untersuchen, ob sich in ihrem Erbgut ein Fehler nachweisen lässt, der das Risiko erhöht, an Krebs zu erkranken. Und in der Tat: Die Ärzte fanden diesen Defekt in ihrem BRCA-Gen.

»Meine Ärzte schätzten, dass ich eine 87-prozentige Brustkrebswahrscheinlichkeit habe«, schrieb Jolie in dem Text, in dem sie ihre Entscheidung erklärte, sich die Brüste amputieren zu lassen. Das heißt, ihr wurde gesagt, sie gehöre zu einer besonderen Gruppe von Frauen, bei der gilt: Von 100 Frauen erkranken 87 an Brustkrebs. Während im allgemeinen Bevölkerungsdurchschnitt gilt: Von 100 Frauen bekommen rund zwölf im Lauf ihres Lebens diese Krankheit. (»Zwölf von hundert« ist das Gleiche wie der Vergleich »Eine von acht«, der oben erklärt wurde.) Angelina Jolie entschied sich daher, den Teil ihres Körpers entfernen zu lassen, der nach Auskunft ihrer Ärzte besonders gefährdet war, an Krebs zu erkranken: die Brüste. Wenn man sich die Zahlen anschaut, über die Angelina Jolie schreibt, kann man das verstehen. Aber hat sie die einzig denkbare Entscheidung getroffen? Hätte sie – unter Einsatz ihrer Vernunft – auch anders entscheiden können?

Wenn man diese Fragen beantworten möchte, muss man erst mal ein paar weitere Fragen stellen. Zum Beispiel die Frage: »Sind die Zahlen denn richtig, auf die Angelina Jolie ihre Entscheidung stützt?« Im Fall der Schauspielerin lässt sich schon einmal sagen: Eine Zahl, die so genau daherkommt wie »87 Prozent«, kann in dieser Exaktheit nicht stimmen.

So genau geht es nicht

Wenn Wissenschaftler bestimmen wollen, wie groß das Risiko ist, eine bestimmte Krankheit zu erleiden, dann erheben sie ihre Zahlen in Studien. Meistens werden diese Untersuchungen von verschiedenen Teams an verschiedenen Orten der Welt zu unterschiedlichen Zeiten erstellt. Aus diesen verschiedenen Studien lassen sich dann Orientierungswerte errechnen. Die können recht aussagekräftig sein. Aber die Aussage kann am Schluss eigentlich immer nur lauten: »Die Wahrscheinlichkeit liegt in diesem Fall zwischen x Prozent und y Prozent.« Eine exakte Zahl macht also den Anschein: »Wir wissen es ganz, ganz, ganz genau, wie groß das Risiko ist!« So genau weiß man es aber leider nie. Mehr als eine Orientierung können Statistiken nicht liefern.

Die Illusion der statistischen Sicherheit

»Fünf Äpfel sind *genau* fünf Äpfel. Und nicht *rund* fünf Äpfel oder *einige* Äpfel« – diese (mathematische) Aussage klingt so superexakt, dass sich schnell der Gedanke anschließt: Zahlen sind immer supergenau. Deshalb sind sie etwas Supersicheres. Der nächste Gedanke lautet: Wenn man mit Zahlen das Leben beschreibt, dann hat man sichere Aussagen. Dieser Gedanke ist aber falsch. Nur eine Zahl über das Leben ist sicher: 100 Prozent aller Menschen, die heute leben, werden einmal sterben. Es gibt Dinge, die extrem unwahrscheinlich sind. Beispielsweise ist es wirklich nicht wahrscheinlich, beim Badeurlaub von einer Kokosnuss erschlagen zu werden (siehe Kapitel 1). Aber ausgeschlossen ist es nicht. Wer glaubt, eine statistische Zahl könne über etwas eine hundertprozentig sichere Aussage machen, der täuscht sich. Hundertprozentige Sicherheit ist eine Illusion. Das ist aber nicht weiter schlimm. Man muss nur mit der Unsicherheit umgehen können. Und das kann man lernen.

Angelina Jolie hantiert also mit einer Zahl, die in dieser Genauigkeit nicht sinnvoll ist. Dennoch stimmte sicher die Grundaussage, die sie von ihrem Arzt erhalten hat: Ihr persönliches Risiko, an Brustkrebs zu erkranken, war deutlich höher als das Risiko vieler anderer Frauen. Dann stellt sich aber eine weitere Frage: Hätte sie mit diesem Risiko nicht auch anders umgehen können? Eine Möglichkeit wäre gewesen, ab einem jungen Alter wiederholt untersuchen zu lassen, ob sich in den Brüsten Krebszellen entwickeln. Denn es ist keineswegs so, dass die Diagnose »Brustkrebs« sofort ein Todesurteil für Frauen ist. Etwa drei von vier Frauen, bei denen die Krankheit im Laufe ihres Lebens festgestellt wird, sterben *nicht* daran. Mit Operationen, Medikamenten und Bestrahlungen kann Brustkrebs inzwischen oft sehr wirksam behandelt werden. Also hätte Angelina Jolie warten können, ob bei ihr tatsächlich einmal Krebs festgestellt wird – um dann erst in diesem Moment eine Behandlung zu beginnen.

Und noch etwas darf man nicht vergessen: Selbst wenn eine Frau zu einer Gruppe gehört, in der die Wahrscheinlichkeit hoch ist, dass sie zum Beispiel Brustkrebs bekommt – ein hundertprozentiges Schicksal legt die Statistik nie fest. Wenn wir wissen, dass statistisch zwei von 16 Mädchen einer Klasse irgendwann Brustkrebs bekommen werden, dann können wir diesen zwei Mädchen keinen Namen und kein Gesicht zuordnen. Es kann sein, dass in einer Schulklasse keines später Brustkrebs bekommt, in einer anderen Klasse sind es vier.

Man darf also nicht den Denkfehler machen, man könnte die Namen der Mädchen herausfinden, die sozusagen auf der »Krebsliste« stehen, und sie warnen. Ob Lisa und Lena unter den Mädchen einer Klasse die zwei sind, die später einmal krank werden, oder ob es Johanna und Antonia sind, kann man erst hinterher wissen. Selbst vielen Ärzten ist das allerdings nicht klar. Denn solche Gedanken werden auch im Medizinstudium oft nicht richtig erklärt und gelehrt.

80 Prozent sind nicht gleich 80 Prozent

»Ich bin mir zu etwa 80 Prozent sicher.« Das ist die Antwort, die Steffen, der Telefonjoker bei einer Quizshow, gibt, als seine Freundin Andrea anruft. Aber was bedeuten diese »80 Prozent«? Eigentlich ist die Zahl völlig sinnlos. Es geht ja nicht um folgende Konstellation: Steffen gibt als Telefonjoker fünfmal dieselbe Antwort auf immer dieselbe Frage – und viermal ist die Antwort richtig, einmal aber falsch. Das wären 80 Prozent. Eine solche Vorstellung ist natürlich Quatsch. Was Steffen eigentlich sagen will, ist: »Ich bin mir ziemlich sicher. Doch ganz kannst du dich leider nicht auf meine Antwort verlassen. Es ist am Ende deine Entscheidung, liebe Andrea. Und wenn die Antwort falsch ist, schlag mich bitte nicht.« Wenn Steffen hingegen sagen würde: »Ich bin mir zu etwa 80 Prozent sicher, dass ich beim Würfeln eine Zahl zwischen eins und fünf erwische«, dann ist das eine völlig andere Aussage. Denn die Wahrscheinlichkeit, dass eine der sechs Zahlen des Würfels erscheint, ist eins zu sechs – oder 16,66 Prozent. Wenn man mit einem ordentlichen Würfel sehr, sehr oft wirft, kommt jede Zahl gleich oft vor. Dass eine der Zahlen von eins bis fünf vorkommt, ist also das Ergebnis der Rechnung »5 mal 16,66«, sprich: 83,33. Oder »etwa 80 Prozent«. Aber diese »etwa 80 Prozent« haben nichts mit den »etwa 80 Prozent« zu tun, die Steffen als Telefonjoker nennt.

Der aktuelle Stand der Forschung ist: Von zehn Frauen mit einem beschädigten BRCA-Gen werden fünf bis acht an Brustkrebs erkranken (genauer lässt es sich nicht sagen). Das allerdings heißt gleichzeitig: Von zehn solchen Frauen erleiden zwei bis fünf die Krankheit *niemals*. Wenn Angelina Jolie eine von diesen Frauen ist, dann war ihre Operation überflüssig. Das Problem: Man kann es eben nicht wissen. Denn es geht um Wahrscheinlichkeiten, nicht um Sicherheit.

Auch das auf den ersten Blick bittere Lotteriespiel »Eines von acht Mädchen wird irgendwann einmal Brustkrebs bekommen« kann man ganz anders betrachten: Sieben von acht werden *niemals* Brustkrebspatientinnen. Das ist die gute Botschaft.

Keine Angst!

Ein letztes Mal zurück zu Angelina Jolie. Aus ihrem Verhalten lässt sich etwas lernen. Sie hat erkannt, dass sie, was Brustkrebs betrifft, mit einem gewissen Risiko lebt. In ihrem Fall ist das Risiko, statistisch gesehen, höher als bei anderen Frauen. Sie hat deswegen eine Entscheidung getroffen, um einen Schaden abzuwenden: den Schaden, an Krebs zu erkranken. Gleichzeitig hat sich Angelina Jolie aber einem anderen Schaden ausgesetzt. Sie trägt nun künstliche Implantate unter der Haut statt ihrer natürlich gewachsenen Brüste. Und die Operation, der sie sich unterzogen hat, hätte auch schiefgehen können. Bei allen Operationen gibt es verschiedene Komplikationsrisiken. Es können Krankheitserreger in den Körper gelangen und Infektionen auslösen. Die Operateure können Blutgefäße oder Nerven verletzen. Blutgerinnsel können lebensgefährliche Folgen nach sich ziehen.

Diese Risiken sind gering, aber sie liegen nicht bei null. In Angelina Jolies Fall ist es gut gegangen. Doch auch das konnte vorher niemand wissen.

Eine andere Möglichkeit für die Schauspielerin wäre gewesen: Sie unterzieht sich *keiner* Operation und lässt sich regelmäßig untersuchen. Der Vorteil: Sie behält ihre Brüste. Sie hat zunächst kein Operationsrisiko. Im besten Fall bekommt sie niemals Krebs. Der Nachteil: Wenn sich tatsächlich Krebs entwickelt, muss sie wahrscheinlich nicht nur an der Brust operiert werden, sondern möglicherweise auch weitere Behandlungen mitmachen: Chemotherapie oder Bestrahlung. Solche Eingriffe sind in der Regel aggressiver und haben mehr Nebenwirkungen als die Operation, die Angelina Jolie vorsorglich hat vornehmen lassen. Und dass der Krebs mit Chemo und Bestrahlung unter Kontrolle gebracht wird, ist leider auch nicht sicher. Angelina Jolie wollte dieses Risiko nicht eingehen.

Angelina und ich

Was aber hat nun Angelina Jolies Entscheidung mit ganz normalen 15- oder 17-jährigen Mädchen in Deutschland, Österreich oder der Schweiz zu tun? Sie können daraus etwas Grundlegendes lernen: Das Leben steckt voller Möglichkeiten, von denen man erst mal nicht weiß, ob sie eintreten. Man kann aber Entscheidungen treffen, um die Möglichkeiten zu beeinflussen. Vor einer Entscheidung sollte man sich informieren. Nichts zu tun, ist dabei übrigens auch schon eine Entscheidung! Nämlich die Entscheidung, nichts zu tun. Es gibt viele Situationen, in denen gilt: Du kannst dich nicht nicht entscheiden. Wer an einer Kreuzung geradeaus fährt, trifft nicht keine Entscheidung. Er trifft vielmehr die Entscheidung, nicht abzubiegen.

Es kann also sein, dass ein Mädchen sich entscheidet: »Ich will wissen, wie oft in meiner Familie Frauen Krebs hatten.« Dann wird dieses Mädchen möglicherweise Folgendes erfahren: In ihrer Familie sind schon auffällig viele Frauen an Brustkrebs erkrankt oder der Krebs ist vergleichsweise früh aufgetreten. Wenn das der Fall ist, könnte es in dieser Familie »genetischen Brustkrebs« geben. Eine entsprechende Untersuchung würde Frauen und Mädchen dieser Familie zusätzliche Informationen über ihr individuelles Risiko verschaffen. Sie sollten sich aber *vor* einer Untersuchung überlegen, was sie mit diesen Informationen anfangen möchten. Deshalb ist es am besten, sich erst einmal fachkundig beraten zu lassen.

Aber auch dann, wenn in der Familie Brustkrebs kein Thema ist, werden Frauen ab einem bestimmten Alter immer wieder damit konfrontiert. In Deutschland und vielen anderen Ländern gibt es sogenannte Früherkennungsprogramme (englisch »Screening«). An ihnen sollen alle Frauen ab 50 Jahren teilnehmen, also nicht nur die, bei denen ein erhöhtes Risiko vermutet wird. Als Vorteil erhofft man sich, Krebs früh zu erkennen und damit bessere Heilungschancen zu haben. Das klingt gut. Doch auch hier geht es darum, mögliche Chancen und möglichen Schaden abzuwägen und dann zu entscheiden, was man tun will.

! Überlebenstipp 11:

Sich vom hässlichen Wort »Krebs« nicht einschüchtern lassen. Hinschauen, was diese Krankheit eigentlich bedeutet und ob sie in der eigenen Familie vielleicht besonders häufig vorkommt. Dann kann es sinnvoll sein, sich gründlich zu informieren und gegebenenfalls weitere Schritte zu unternehmen.

12 Die unschönen Nebensachen beim Sex

Krankheiten, über die niemand gerne spricht, über die man aber wenigstens etwas lesen sollte. Und zwar jetzt und hier

»Willst du schon gehn? Der Tag ist ja noch fern.« Julia kann gar nicht genug bekommen von ihrem Romeo, als sie nach einer gemeinsamen Nacht diese Worte sagt. Was in dieser Nacht im Einzelnen geschehen ist, hat William Shakespeare nicht beschrieben, der das berühmteste Liebespaar aller Zeiten verewigte.

Wir müssen – alle Romantik jetzt mal beiseite – aber leider feststellen: Julia hätte sich in dieser Nacht noch einiges anderes einfangen können als ein gebrochenes Herz: eine ungewollte Teenagerschwangerschaft (»Sie hat kaum vierzehn Jahre wechseln sehn«, heißt es über das Mädchen in dem Theaterstück!).

Syphilis: eine bakterielle Erkrankung, die ohne Behandlung sogar lebensgefährlich sein kann.

Gonorrhö: eine Krankheit, die oft zunächst keine schlimmen Beschwerden auslöst, aber lästige Folgen haben kann, wie zum Beispiel Schmerzen beim Wasserlassen. Auch Unfruchtbarkeit kann eine Folge sein.

Chlamydien: Ähnlich wie bei der Gonorrhö bleiben diese Bakterien oft erst einmal unbemerkt, sie können aber unfruchtbar machen.

Genitalherpes: Diese Viren führen zu schmerzhaften und juckenden Bläschen im Bereich der Geschlechtsorgane. Und können immer wieder ausbrechen. So wie der Lippenherpes (den man sich nicht nur beim Knutschen holen kann).

Hepatitis B oder C: Diese Viren lösen eine Entzündung der Leber aus, die dieses lebenswichtige Organ dauerhaft und lebensbedrohlich schädigen kann.

Humane Papillomaviren: mehr dazu siehe Kapitel 13.

Trichomonaden: Diese Einzeller können bei Frauen unangenehmen Ausfluss hervorrufen sowie Brennen und Schmerzen und als Folge auch Unfruchtbarkeit.

Filzläuse: Diese unangenehmen Insekten haben sich – im Gegensatz zu den Kopfläusen – auf die Schambehaarung spezialisiert.

Krätze: Diese Hautkrankheit wird von Milben, also kleinen Spinnentieren, ausgelöst.

Die Botschaft dieses Plakates ist richtig: Sich bei einem HIV-positiven Arzt anzustecken, ist am ehesten ein Risiko, wenn man mit diesem Arzt schläft. Und zwar ohne Kondom.

Pilze: Die wachsen nicht nur im Wald oder in Champignonfarmen, sondern auch auf der Haut. Deswegen können sie über die Haut des männlichen Penis auch auf die Haut der weiblichen Scheide gelangen und umgekehrt.

Alle diese Folgen kann Sex auch heute noch haben, über 400 Jahre nach der Romanze von Romeo und Julia. Neu hinzugekommen ist vor allem Aids, also die tödliche Krankheit, die durch das Humane Immundefizienz-Virus, kurz HIV, ausgelöst wird.

Augen auf bei der Partnerwahl

Wenn Julia heute eine solche Liste lesen würde, wäre sie möglicherweise ganz schön verschreckt, Verliebtheit hin oder her. Und sie würde wahrscheinlich schon beim ersten flüchtigen Blick knallrot. Erst recht wie eine reife Tomate anlaufen würde sie, wenn sie die Worte auch noch aussprechen müsste: *Gonorrhö* (im Volksmund auch »Tripper«), *Syphilis* (auch »harter Schanker«) … Da möchte man doch am liebsten gleich noch eine Mundspülung benutzen, wenn man das gesagt hat.

Gehen wir aber mal davon aus, dass Julia sich der Peinlichkeit stellt und mit ihrer Frauenärztin (die es zu Shakespeares Zeiten noch gar nicht gab) redet. Was würde das Mädchen hören, wenn sie fragt: »Wie soll ich mich denn aufs erste Mal vorbereiten, wenn ich nicht krank werden will? Ist die Gefahr, sich da etwas Hässliches zu holen, wirklich so groß?« Stellen wir uns also ein Gespräch vor, das Julia mit der Ärztin führt. Die sagt ihr: »Liebe Julia, keine Angst! Es gibt zwar eine ganze Latte von Krankheiten, die man sich beim Sex holen kann.« Dann räuspert sie sich und fährt fort: »Wenn dein Romeo keine dieser Krankheiten hat, dann kannst du dich auch nicht bei ihm anstecken. Also ist die erste Frage, die du dir stellen musst: Weißt du denn, ob er schon mit anderen Mädchen oder Frauen Sex hatte?«

Hier wird Julia nachdenklich, denn Romeo ist drei Jahre älter als sie (zumindest im Text von William Shakespeare). Und als lebenslustiger junger Mann könnte er in diesen drei Jahren schon Erfahrungen gesammelt haben, die Julia noch nicht hat. Aber eigentlich ist sie sicher: Es ist auch für ihn das erste Mal.

Wenn nicht nur die Bekleidungsstücke »Straight from the Nuttenviertel« kommen – so heißt eine Modefirma aus Gera in Thüringen –, sollte man vielleicht besondere Vorsicht beim Näherkommen walten lassen.

»Dann müsst ihr euch über Krankheiten keine großen Gedanken machen«, beruhigt die Ärztin sie daraufhin. »Übers Schwangerwerden aber schon.« In den nächsten Minuten macht die Ärztin Julia vor allem drei Dinge klar: Es laufen auf der ganzen Welt Millionen Menschen herum, die mit sexuell übertragbaren Krankheiten infiziert sind. Aber wenn man sich vorsieht, kann man diesen Erkrankungen sein Leben lang entgehen. Wer nie Sex mit jemandem hat, der infiziert ist, der kann sich auch nichts holen. Wer hingegen ein buntes Liebesleben pflegt (zumal wenn er es mit Leuten pflegt, die ein besonders buntes Leben leben), der sollte darauf achten, ob es irgendwo brennt oder juckt. Ob etwas zu fließen beginnt, wo früher nichts geflossen ist.

Denn – und diese Information der Ärztin findet Julia dann auch beruhigend – die große Mehrheit der Infektionen, die auf der langen Liste der »sexuell übertragbaren Krankheiten« stehen, lässt sich gut und wirksam behandeln, beispielsweise mit Antibiotika. Gegen einige andere, wie etwa Hepatitis oder HPV, gibt es Impfungen (siehe Kapitel 13).

Mach's mit

Es gibt aber vor allem eine ganz simple Art und Weise, um sich beim Sex nicht anzustecken: Gummis. Präser. Nahkampfsocken. Tüten. Kondome. Pimmelponchos. Zwergenschutzmäntel. Verhüterli. Überzieher. Wie man die Dinger nennt, ist egal. Sie haben in jedem Fall eine ganz hervorragende Eigenschaft: Sie sorgen dafür, dass Bakterien, Viren oder Pilze beim Sex (in den allermeisten Fällen) nicht von hier nach dort gelangen können. Und sie haben noch eine andere exzellente Eigenschaft: Sie sorgen (in den allermeisten Fällen) dafür, dass die Sache nicht mit einer Schwangerschaft endet.

Jung sein und wenig Erfahrung haben schützt nicht vorm Schwangerwerden. Im Gegenteil. Nach Schätzungen werden in Deutschland pro Jahr rund 9000 bis 10 000 Mädchen schwanger, die jünger sind als achtzehn Jahre. Rund die Hälfte davon entscheidet sich dafür, Mutter zu werden. Die andere Hälfte bricht die Schwangerschaft ab.

Man darf sich nichts vormachen, der häufigste sexuell übertragene Zustand heißt Leben. Auf Englisch: Making love makes babies. Das ist auch in Ordnung so. Sonst würden die Menschen ja irgendwann aussterben. Aber seitdem es die Menschheit gibt, wollen viele Frauen und Mädchen ganz gerne selbst festlegen, wann körperliche Liebe eine Geburt zur Folge haben soll. Jungs und Männer glauben oft, sie gehe die Sache mit der Verhütung eh nicht so richtig was an. Irrtum.

Man muss sich die junge Frau auf dem Plakat nicht in jeder Hinsicht als Vorbild nehmen. Aber dass sie beim Sex mit neuen Partnern Kondome für eine gute Idee hält, ist durchaus vorbildlich.

Ob Romeo aus Shakespeares Drama sich Gedanken über das Danach machte, als er mit seiner Geliebten in die Kissen sank, wissen wir nicht. Das 14-jährige Mädchen wollte aber wahrscheinlich nicht schon mit 15 Jahren Mutter sein. Jahrtausendelang war die größte Sorge nach dem Sex also: »Verdammt, bin ich jetzt schwanger?« Zu den großen Errungenschaften der Medizin in den vergangenen Jahrzehnten gehört es, dass sich Schwangerwerden recht gut steuern lässt. Allerdings gilt auch hier: Absolute Sicherheit gibt es nicht.

Wie Statistik beim Verhüten helfen kann

Pille, Kondom, Spirale, »aufpassen« – wie man am besten verhüten sollte, lässt sich nicht so einfach beantworten. Die erste Frage, die sich dabei stellt, lautet: »Wie wahrscheinlich ist es denn bei einer bestimmten Verhütungsmethode, dass ich trotzdem schwanger werde?« Eine Entscheidungshilfe ist der »Pearlindex«, den sich der Wissenschaftler Raymond Pearl ausgedacht hat. Die Zahl gibt an, wie viele von hundert Frauen, die regelmäßig Sex haben, innerhalb eines Jahres schwanger werden, je nachdem ob und wie sie und ihr Partner verhüten. Danach werden zum Beispiel von hundert 20-jährigen Frauen, die regelmäßig ohne Verhütung mit einem Mann schlafen, über ein Jahr hinweg 85 schwanger. Der Pearlindex beträgt in dieser Konstellation also 85.

Eine Auswahl von Verhütungsmethoden – und ihr »Pearlindex«

Keine Verhütung, 20-jährige Frauen	85
Coitus interruptus (unterbrochener Geschlechtsverkehr oder: Verhütung durch Aufpassen)	4–18
Kalendermethode (nach den richtigen Tagen schauen)	9
Kondom	2–12
Pille	0,1–0,9
Kupferspirale	0,3–0,8

(Quelle: pro familia, Deutsche Gesellschaft für Gynäkologie und Geburtshilfe)

Ein Beispiel für falsche Anwendung eines Kondoms: unbenutzt neben Herbstlaub auf einen Spazierweg in Oberbayern geworfen.

Die Zahlen zum »Pearlindex« sind ein hervorragendes Beispiel dafür, dass man viele Statistiken zunächst richtig lesen und verstehen muss, bevor man Schlüsse aus ihnen zieht. Die oben stehende Liste könnte zu dem Gedanken führen: »Kondome sind Mist, denn da werden weit mehr Frauen und Mädchen schwanger als bei der Pille.« Wer so etwas denkt, hat aber eines nicht auf der Rechnung: In den Pearlindex werden auch alle diejenigen miteingerechnet, die es nicht hinbekommen, Kondome richtig und fehlerfrei zu benutzen. Und leider muss man erst einmal ein wenig lernen, wie man mit den Dingern umgeht. Wenn ein Kondom nicht richtig übergestülpt wird oder aus anderen Gründen abrutscht, dann ist die Sache natürlich fast so, als ob man gar nicht verhütet hätte. Das Gleiche gilt, wenn der Gummi reißt. Und es soll immer wieder Leute geben, die die Kondomverpackung mit einer Schere oder einem Messer öffnen – und dabei, ohne es zu merken, ein Loch in das gute Stück schneiden. Dumm gelaufen.

Trotzdem stimmt natürlich: Die Pille schützt ziemlich gut vor Schwangerschaften. Aber leider hilft sie gar nichts, wenn man sich vor fiesen Bakterien, Viren oder Pilzen schützen möchte. Es geht bei der Frage »Wie verhüten wir?« auch immer um die Frage »Was wollen wir verhüten?«.

Hinterher genügt doch auch?

Wer »einmal alles vergisst vor Glück«, wie es in dem alten Schlager mit dem Titel »Kann denn Liebe Sünde sein?« heißt, hat inzwischen die Möglichkeit, unkompliziert eine »Pille danach« in der Apotheke zu holen. Die Pflicht, vorher einen Arzt um ein Rezept zu bitten, ist in Deutschland Anfang 2015 weggefallen. Damit könnte die Zahl der ungewollten Schwangerschaften sinken. Denn Frauen und Mädchen wird es leichter gemacht zu entscheiden, ob auf die Liebesnacht eine Schwangerschaft samt Geburt folgen soll oder nicht.

Man sollte dabei aber nicht in eine Falle tappen. Die vermeintlich zusätzliche Entscheidungsfreiheit rund um den Sex könnte dazu führen, dass die Verantwortung für die Verhütung noch mehr zu einer reinen »Frauensache« gemacht wird. Das wäre fatal. Hier geht es um zwei. Zumal sie wie jedes Medikament unangenehme Nebenwirkungen haben und im Einzelfall auch versagen kann, das heißt, man wird gegebenenfalls trotzdem schwanger. Und die Pille danach ist ein nicht ganz geringer Eingriff in den Hormonhaushalt. Sie zu einer »Standardverhütungsmethode« zu machen, empfiehlt sich wirklich nicht. Außerdem darf man nicht vergessen: Die »Pille danach« schützt genauso wenig wie die »Pille davor« vor sexuell übertragbaren Krankheiten.

Verhütungsinfos im Internet: Wer hat da welche Interessen?

Wer vernünftige Entscheidungen treffen will, braucht vertrauenswürdige Informationen. Allerdings lässt sich oft nur schwer erkennen, ob man den Quellen trauen kann, aus denen eine Information kommt. Wer im Internet *www.pille.com* oder *www.meine-verhuetung.de* eingibt, wird auf Seiten des Arzneimittelherstellers *Jenapharm* geleitet. Die Internetseite *www.pille.de* wird vom Pharmakonzern *MSD* betrieben. Solche Pharmaunternehmen verdienen eine Menge Geld mit der Produktion der »Pille«. Ist da besonders Kritisches über diese Verhütungsmethode zu erwarten? Etwa über die Frage, ob sie das Risiko erhöht, an Krebs zu erkranken? Oder darüber, ob bei Frauen und Mädchen, die die Pille nehmen, die Blutgefäße öfter verstopfen, ob sie also öfter unter Thrombosen leiden? Unter Wissenschaftlern gibt es darüber schon lange Diskussionen. Das Ergebnis ist nicht gerade eindeutig. Das Deutsche Krebsforschungszentrum fasst es so zusammen: »Die ›Pille‹ steigert das Risiko für manche Krebsarten, senkt aber das Risiko für andere Tumoren.« In der Summe kann man sagen: Es ist nicht extrem gefährlich, die Pille zu nehmen. Dann wäre sie auch verboten. Aber das Mädchen beginnt eben, seinen Körper zu beeinflussen. Und da kann es schon interessant sein, zu wissen, wer hinter welchen Informationen steht.

Hinter dieser Frage steckt der Pharmakonzern *Jenapharm*. Der stellt zufälligerweise Präparate zur Langzeitverhütung her.

! Überlebenstipp 12:

Vor dem Sex mal daran denken: Er kann krank machen. Er kann schwanger machen. Und entsprechende Maßnahmen ergreifen. Dann ist *beim* Sex der Kopf frei. Was er ja sein sollte.

13 Dreimal Piks – und nie mehr Krebs?

Was Mädchen überlegen sollten, wenn ihnen gesagt wird: »Vor dem ersten Sex brauchst du eine Impfung.« Und was auch Jungs darüber wissen sollten

Eine »Impfung gegen Krebs«. Eine Impfung, mit der sich gerade Jugendliche gegen diese gruselige Krankheit schützen können. Das wäre doch mal was! Schließlich kann man ja überall lesen und hören: Krebs ist eine scheußliche Sache, die manchmal sogar Kinder erwischt. Ältere Leute rafft er zu Millionen dahin.

Und – Überraschung! – es *gibt* sie, diese Impfung. Zumindest haben das vor ein paar Jahren Wissenschaftler, Industrievertreter und Journalisten verkündet. Seitdem ist es auch im Internet an verschiedenen Stellen zu lesen: »Impfung gegen Krebs.« Mädchen zwischen neun und 17 Jahren sollen sich eine Spritze mit dem Namen »HPV-Impfung« geben lassen. Jungs sollen das am besten auch tun. Und dann ist sie bald besiegt, die Krankheit mit dem hässlichen Namen. So heißt es an dieser oder jener Stelle im Internet.

Aber stimmt das?

Die Antwort lautet: Es ist alles etwas komplizierter beim Kampf gegen die oftmals tödliche Krankheit mit diesem Furcht einflößenden Namen »Krebs«. Viel komplizierter sogar. Doch es lohnt sich, sich in dieses komplizierte Etwas hineinzuarbeiten. Es kann den Kopf frei machen, um auch an diesem Beispiel über die Frage nachzudenken: Was ist riskant in meinem Leben? Und was mache ich mit diesem Risiko?

Also hinein ins freie Denken. Das führt erst einmal zu der Erkenntnis: Die »Impfung gegen den Krebs« gibt es nicht. Die kann es gar nicht geben. Warum? Weil es »den Krebs« nicht gibt.

Die fiese, komische Krankheit

Krebs, so heißt es, wenn Körperzellen sich ungebremst teilen – und anderen Zellen des Körpers irgendwann die Möglichkeit nehmen, weiterzuleben. Wenn es Zellen in der Lunge sind, dann ist vom Lungenkrebs die Rede. Wenn es die Haut trifft, lautet der Befund Hautkrebs. Wenn es Zellen in den Ohren sind, heißt das Ganze Ohrenkrebs. Wird vor allem durch übermäßiges Hören von Schlagern ausgelöst.

Okay, stimmt natürlich nicht. Es ist vielleicht auch nicht in Ordnung, Witzchen über Krebs zu machen. Aber eines stimmt schon: Wenn es Ohrenkrebs gäbe (der durch Schlager ausgelöst würde), dann hätte er, medizinisch gesehen, nicht viel mit Lungenkrebs zu tun und mit Brustkrebs auch nicht.

Denn jeder Krebs ist eine Krankheit für sich. Selbst Brustkrebs ist nicht Brustkrebs (siehe Kapitel 11). Und noch in anderer Hinsicht gilt: »Krebs ist nicht gleich Krebs.« Wer beispielsweise an Hautkrebs erkrankt und geheilt wird, dem kann es trotzdem passieren, dass er später an Darmkrebs stirbt. Wer den einen Krebs besiegt, kann trotzdem gegen einen anderen verlieren.

Mit der Spritze gegen Krebszellen?

Doch was hat es nun mit der »Impfung gegen Krebs« auf sich? Es beginnt damit, dass Krebszellen Körperzellen sind, die außer Kontrolle geraten. Sie teilen und teilen sich, obwohl sie das eigentlich nicht sollen. Gründe, warum die Zellen außer Kontrolle geraten, gibt es viele. Ein Grund kann eine Schädigung durch sogenannte »ionisierende Strahlen« wie etwa Röntgenstrahlen sein (siehe Kapitel 10). Beim Hautkrebs kann ein Grund die schädliche Wirkung von Sonnenstrahlen sein (siehe Kapitel 9). Beim Lungenkrebs spielen die krebserregenden Stoffe des Tabakrauches die stärkste Rolle. Doch erforscht und verstanden sind die Ursachen der verschiedenen Krebsarten längst nicht alle.

Sicher aber ist zum Beispiel: In einem bestimmten Teil der Geschlechtsorgane von Frauen und Mädchen (und auch von Jungs bzw. Männern) kann eine Infektion mit bestimmten Viren dafür sorgen, dass sich die dortigen Zellen verändern und in Krebszellen verwandeln. Diese sogenannten Humanen Papillomaviren (kurz HPV) können also – indirekt – Krebs auslösen, etwa im Gebärmutterhals.

Angesteckt mit diesen HP-Viren werden Frauen und Mädchen ausgerechnet in Momenten, die eigentlich besonders schön sein sollen: beim Sex. Wenn der Mann oder Junge, mit dem sie schlafen, diese Viren in den Hautzellen seines Penis trägt, kann es geschehen, dass sie in die Hautzellen der Frau gelangen und dort bleiben. Die Frauen und Mädchen spüren die Folgen dieser Ansteckung zunächst oft nicht. Nach vielen Jahren aber kann bei ihnen Krebs ausbrechen.

Diese Aufforderung auf den Untertassen des Cafés im Münchner Literaturhaus kann man durchaus befolgen. Aber sich vorher ein paar Gedanken zu machen, ist auch nicht schlecht.

Für die Männer oder Jungs haben diese HP-Viren in der Regel weniger schwerwiegende Folgen. Die meisten, die sich damit anstecken, bemerken davon gar nichts. In einigen Fällen können die Viren die Bildung sogenannter »Genitalwarzen« auslösen, sowohl beim Jungen als auch beim Mädchen. Diese Erkrankung ist zwar nicht schön, aber wenigstens nicht lebensgefährlich.

Viren, wie war das noch mal?

Wir erinnern uns an den Biologieunterricht: Viren, das sind keine Kleinstlebewesen wie Bakterien. Es sind vielmehr Krankheitserreger, die man mit Medikamenten meist nicht bekämpfen kann. Während sich Bakterien mit Antibiotika in vielen Fällen niedermachen lassen, sieht es bei Viren anders aus. Für viele Viruserkrankungen wie Schnupfen, Grippe, Masern oder Röteln gibt es keine Medikamente, die die Viren abtöten können. Bei einigen wenigen Viruserkrankungen gibt es Arzneien, die Viren zumindest an ihrer Vermehrung hindern können, wie bei Herpesviren, Hepatitisviren oder auch dem HI-Virus, der die Aidskrankheit auslöst. Bei einigen Viruserkrankungen kann durch Impfungen das körpereigene Abwehrsystem so geschult werden, dass es die Viren gar nicht erst zum Zuge kommen lässt. Infiziert sich ein Geimpfter mit dem Virus, wird dieser durch das Immunsystem rechtzeitig zur Strecke gebracht, sodass die Krankheit nicht ausbricht. Das gilt nicht nur für Krankheiten wie Masern oder Röteln, für die Leberentzündung (Virushepatitis) oder die Grippeviren. So eine Impfung gibt es auch gegen die Humanen Papillomaviren.

Die HP-Viren können also dazu führen, dass sich im Gebärmutterhals von Frauen und Mädchen Zellen verändern. Und diese Veränderungen können wiederum dazu führen, dass die entsprechenden Zellen zu Krebszellen werden. Das ist die schlechte Nachricht.

Die gute Nachricht: Es ist Wissenschaftlern gelungen, Impfstoffe gegen einige besonders gefährliche HP-Viren zu entwickeln. Wenn sich also Mädchen impfen lassen, bevor sie das erste Mal Sex haben, dann sind sie gegen bestimmte Viren geschützt. Und damit sind sie auch gegen den Krebs geschützt, den diese HP-Viren auslösen, so lautet zumindest das Versprechen. Also sagt das wissenschaftliche Robert-Koch-Institut (RKI), das für Deutschland entscheidet, welche Impfungen offiziell empfohlen werden: Alle Mädchen zwischen neun und 17 Jahren sollten sich impfen lassen. In jedem Fall soll die Impfung aber erfolgen, bevor ein Mädchen zum ersten Mal Sex hat.

Auch für Jungs empfehlenswert?

Und was ist mit Jungs? Die sollten sich eigentlich auch impfen lassen, sagen Wissenschaftler. Nehmen wir an, Tom ist 19 und trägt keine HP-Viren in seinem Körper. Er schläft mit der 25-jährigen Janina, die sich in ihrem bewegten Leben leider schon irgendwo die Viren geholt hat. Nun geht Tom einige Monate später mit der 18-jährigen Sandra ins Bett. Für sie ist Tom die große Liebe. Sandra war bis dahin sexuell enthaltsam. Sie hat sich dementsprechend auch keine Viren eingefangen. Doch Tom hängt ihr (ohne es zu wissen) die HP-Viren auf, die er sich von Janina abgeholt hat. Hätte er sich impfen lassen, wäre das wahrscheinlich nicht passiert. Janina wäre mit ihren HP-Viren alleine geblieben. Sandra hätte nicht die HP-Viren, die auch Janina hat.

Also, klingt doch ganz logisch: Sandra soll sich impfen lassen. Dann kann sie keine HP-Viren bekommen – und auch keinen Krebs. Egal, was Tom für eine Geschichte hat. Oder auch ein anderer schnuckeliger Junge, den sie später mal kennenlernt. Aber auch Tom sollte sich eigentlich eine Impfung geben lassen. Oder besser: Er hätte sich impfen lassen sollen, bevor er mit Janina ins Bett ging. Dann wäre, wie es aussieht, alles im Griff mit »dem Krebs«. Außerdem reduziert sich das Risiko für Janina, Tom und Sandra, dass sie diese scheußlichen Genitalwarzen bekommen. Sie sind wesentlich häufiger als Krebs und können sehr belastend sein.

Ist das so? Lohnt sich das?

Es sieht aber leider nur auf den ersten Blick so einfach und toll aus. Auf den zweiten Blick sehen wir: Krebs am Gebärmutterhals ist bei Frauen eher selten. Viel häufiger erwischt es andere Organe.

Die häufigsten Krebsarten bei Frauen in Deutschland

Position	Krebsart	Zahl der Neuerkrankungen
1	Brustkrebs	70 340
2	Darmkrebs	28 630
3	Lungenkrebs	17 030
4	Gebärmutterkörperkrebs	11 550
5	Schwarzer Hautkrebs	9580
6	Bauchspeicheldrüsenkrebs	8060
7	Krebserkrankungen der Eierstöcke	7790
8	Non-Hodgkin-Lymphome	7640
9	Magenkrebs	6690
10	Nierenkrebs	5570
11	Leukämien	4920
12	Gebärmutterhalskrebs	4660

(Quelle: Deutsche Krebsgesellschaft, Zahlen für das Jahr 2010)

Die Diagnose »Gebärmutterhalskrebs« bekamen im Jahr 2010 also 4660 Frauen, daran gestorben sind 1524. Bei Weitem nicht jeder, der an einem bestimmten Krebs erkrankt, stirbt auch daran.

Nun lohnt eine kleine Rechenübung: Von den rund 41 Millionen Frauen, die in Deutschland leben, erkranken jedes Jahr etwa 225 000 neu an Krebs. Das heißt: Von 10 000 Frauen bekommen jedes Jahr etwa 55 vom Arzt die Nachricht: »Sie haben Krebs.« Das ist nicht ganz wenig. Krebs ist sicher eine Krankheit, gegen die zu kämpfen sich lohnt.

Aber wie viele Frauen erkranken am Gebärmutterhalskrebs – bei dem es ja vermeintlich die »Impfung gegen Krebs« gibt? Es ist etwa *eine* von 10 000 Frauen im Jahr. Auf das ganze Leben gesehen bedeutet es, dass eine von 120 Frauen am Gebärmutterhalskrebs erkrankt und etwa eine von 350 Frauen daran stirbt. Die Diagnose »Brustkrebs« bekommen Frauen etwa 15-mal häufiger zu hören. Auch Darmkrebs oder Lungenkrebs trifft Frauen viel öfter als der Gebärmutterhalskrebs.

Das aber heißt: 350 Mädchen müssten sich impfen lassen, damit eine von ihnen später nicht am Gebärmutterkrebs stirbt. Und das gilt auch nur unter der Annahme, dass die Impfung dem Krebs zu hundert Prozent vorbeugen kann. Das ist aber bisher weder bewiesen noch ist es wahrscheinlich, dass sich Gebärmutterhalskrebs durch die Impfung wirklich komplett verhindern lässt. Und die 350 Mädchen, die sich gegen HPV impfen lassen, verringern damit zwar die Wahrscheinlichkeit, an der relativ seltenen Krebsart »Gebärmutterhalskrebs« zu erkranken. Auf die Wahrscheinlichkeit, Brustkrebs, Darmkrebs oder irgendeine andere Krebsart zu bekommen, hat die Impfung aber keinen Einfluss.

Die »Krebsimpfung« und die Millionen

Beim Thema Gesundheit geht es fast immer um Geld, oft um sehr viel Geld. Wer sich eine HPV-Impfung geben lässt, bekommt in diesem Moment einen Impfstoff, der so teuer ist wie kaum ein anderer. Impfungen gegen Masern oder Grippe sind viel billiger. Eine einzelne Spritze mit HPV-Impfstoff kostet zunächst rund 150 Euro. Bei drei Spritzen, die insgesamt gesetzt werden, summiert sich das also auf 450 bis 500 Euro. Wenn sich viele Mädchen impfen lassen, kommen da ruckzuck 200 Millionen Euro pro Jahr und mehr zusammen. Eine Zeit lang haben die Pharmakonzerne, die diese Impfstoffe herstellen, damit so viel Umsatz gemacht wie mit keinem anderen Medikament. Die Krankenversicherungen bezahlen zwar die Impfung. Kein Mädchen muss dafür in den eigenen Geldbeutel greifen. Aber es gibt jemanden, der für diese Hunderte von Millionen Euro aufkommt: die Beitragszahler der Krankenversicherungen. Dazu noch eine Rechnung: Für 200 Millionen Euro kann man 400 000 Mädchen impfen. Man könnte für das Geld aber auch rund 4000 Pfleger oder Krankenschwestern ein Jahr lang bezahlen. Bei Jungs zahlen die Versicherer die Impfung übrigens nicht. Obwohl einige Wissenschaftler sagen, dass auch die sich impfen lassen sollten.

Die HPV-Impfung hat also durchaus einen Nutzen. Allerdings ist er kleiner, als viele denken. Hat sie auch schädliche Seiten? Die Antwort: Die kann sie durchaus haben. Dabei sind mögliche Nebenwirkungen ein sehr geringes Problem. Gefährlicher ist es, wenn Mädchen nach einer Impfung auf Untersuchungen beim Frauenarzt verzichten, weil sie fälschlicherweise glauben, dass sie damit absolut sicher gegen den Gebärmutterhalskrebs und alle möglichen anderen Krankheiten geschützt seien. Dieser Irrglaube könnte sie auch dazu verleiten, beim Sex auf sinnvolle Schutzmaßnahmen wie Kondome zu verzichten.

! Überlebenstipp 13:

Eine HPV-Impfung kann man sich geben lassen, auch weil man damit etwas gegen die unschönen Genitalwarzen unternimmt. Nur muss man wissen, dass es keineswegs eine »Impfung gegen den Krebs« ist, die für den Rest des Lebens in jeder Hinsicht schützt. Auf Untersuchungen bei der Frauenärztin können Mädchen auch mit Impfung nicht verzichten, denn einen hundertprozentigen Schutz gegen den Gebärmutterhalskrebs gibt die Impfung nicht. Und erst recht schützt sie nicht gegen alles, was man sich sonst noch so beim Sex holen kann.

14 Schon wieder Erster ... Aber da gibt's doch eine Pille!

Wie Männer und Jungs mit dem ziemlich peinlichen Thema »Zu früh kommen« in die Arme der Pharmaindustrie getrieben werden sollen

Alex ist ganz schön mutig. Im Internet schreibt er: »Bei mir war es schon immer so, dass ich zu früh gekommen bin.« Das hat aber nichts damit zu tun, dass er vergessen hätte, seine Uhr richtig zu stellen. (Dieser Kalauer muss an dieser Stelle einfach sein.) Vielmehr ist es mit Alex so: Bereits als er 17 war und mit seiner ersten Freundin schlafen wollte, war die Sache vorbei, bevor sie überhaupt begonnen hatte. Es sei ihm nicht gelungen, »richtigen Sex« mit ihr zu haben, erzählt uns Alex. Dafür bekam er irgendwann die Quittung: »Sie hat dann auch mit mir Schluss gemacht.« Alex schreibt, er sei inzwischen 35 Jahre alt und hätte auch als 18-, 20- oder 30-Jähriger immer weiter ein heftiges Problem mit dem gehabt, was Ärzte »vorzeitigen Samenerguss« nennen, auf Latein: Ejaculatio praecox – oder vornehm abgekürzt: EP.

Wir wissen nicht, ob es Alex wirklich gibt. Denn sein »Erfahrungsbericht« ist auf einer Seite zu lesen, die vor allen Dingen einen Zweck hat: die Verkaufszahlen eines Medikaments zu steigern. Die Herstellerfirma des Medikaments verspricht: Sie hat die Pille gegen die EP. Sie hilft Männern, später »zu kommen«.

Damit möglichst viele Leute die Internetseite finden, auf der in warmen Worten über »Medikamente gegen vorzeitigen Samenerguss« geschrieben wird, hat die Pharmafirma *Berlin-Chemie* im Jahr 2013 eine durchaus spektakuläre Medienkampagne gestartet. In der U-Bahn und auf großen Plakaten in deutschen Innenstädten war ein Mann zu sehen, bei dem ganz offensichtlich etwas in die Hose gegangen ist, bevor der Sex überhaupt angefangen hat.

Vorsicht! Was hier wie Lebenshilfe aussehen will, ist Werbung für ein Medikament.

Peinlich, peinlich. Aber die Medienkampagne hat gleich zwei tröstliche Botschaften. Erstens: Jeder Fünfte ist betroffen. Das soll wohl so viel heißen: Du bist nicht allein, lieber Mann oder Jugendlicher, der an EP leidet. Zweitens: Es gibt Hilfe. Und zwar auf der Internetseite *späterkommen.de.* Auf diese Seite hat die Pharmafirma Texte, Bilder und Filme gestellt, die recht vertrauenswürdig daherkommen. Am Ende führen diese Informationen aber ganz klar in eine Richtung. Zum Ratschlag: Da gibt es übrigens auch eine Pille. Probier's doch mal mit der.

Allerdings sollte man sich vor dem Gang in die Apotheke oder der Bestellung im Internet erst mal ein paar Fragen stellen:

Ist es denn wirklich ein Problem, was ich da habe?
Wenn es ein Problem ist, ist es dann ein körperlich-medizinisches, oder passiert da vielleicht vor allem in meinem Kopf etwas?
Wenn ich denke, ich muss eine Pille einwerfen, was bringt die denn wirklich?
Und wenn ich denke, ich muss eine Pille einwerfen, was stellt die möglicherweise noch alles mit mir an? Welche Nebenwirkungen hat sie? Denn ein Medikament, das eine erwünschte Wirkung hat, kann immer auch Unerwünschtes bewirken.
Könnte es sein, dass es bei der ganzen Sache gar nicht um mich und mein Problem geht, sondern um den Gewinn einer Firma?

Probleme da unten – bin ich damit allein?

Es gibt also eine Menge Jungs und Männer, die ein Problem haben. Wenn es um Sex geht, passieren bei ihnen manche Dinge nicht dann, wenn sie es gerne hätten, sondern zu einem anderen Zeitpunkt. Mal zu früh, mal zu spät. Was auch reichlich unangenehm ist: Es kann sogar passieren, dass gar nichts passiert.

Stellt sich die Frage: Wie viele sind das denn eigentlich, bei denen der Zeitpunkt nicht passt? In der Kampagne *späterkommen.de* ist die Rede davon, »jeder Fünfte« sei betroffen. Anderswo ist zu lesen, es sei sogar jeder Dritte. Richtig ordentliche Statistiken dazu findet man nicht. Was ja auch logisch ist: Wer drückt schon auf die Stoppuhr, wenn er seiner Freundin (oder seinem Freund) näherkommt? Und wer schreibt dann auf: »Eine Minute und 28 Sekunden bis zum Samenerguss, yeah!«?

Im Fernsehsender RTL konnte man hören, ein »Wissenschaftler aus Holland« habe gemessen, im Durchschnitt sei es bei Männern nach 5,4 Minuten so weit. Dabei dauere es bei einem Viertel (25 Prozent) aller Männer länger als zehn Minuten. Bei 20 bis 25 Prozent hingegen vergingen »weniger als zwei Minuten«, bis sie kommen. Man wüsste doch zu gerne, woher dieser holländische Forscher die ziemlich exakten Zahlen hat. So richtig glaubwürdig sind sie nicht.

Es stellt sich dabei aber grundsätzlich eine Frage: Ist es wirklich eine Katastrophe, wenn es bei einem selbst anders läuft als bei anderen? Oder steckt da nicht auch ein Leistungsgedanke dahinter, der ja gerade junge Leute überall umgibt: Du musst gut in der Schule sein, hübsch sein, sportlich sein! Und beim Sex musst du ganz lange bei der Sache sein können! Sonst bist du ein Versager! Könnte dieses Denken nicht das eigentliche Problem bei der Sache sein?

Zu viel versprochen

Kommen wir zur Frage, was die Medizin gegen dieses (vermeintliche?) Problem denn als Verbesserung verspricht. Die Autoren der Fachzeitschrift *arznei-telegramm* haben sich die Mühe gemacht, wissenschaftliche Studien über das Medikament durchzuarbeiten, zu dem die Kampagne *späterkommen.de* einen bringen soll. Nach der Auswertung der Studien sorgt diese Arznei dafür, dass die Männer um 0,7 bis 1,1 Minuten später so weit sind. Also mit 42 bis 66 Sekunden Verzögerung.

Das ist aber nicht die einzige Wirkung, die das Medikament hat. Weil die Arznei in den Körper eingreift, kann der auch ganz anders reagieren als erwünscht: Übelkeit, Schwindel, Kopfschmerzen, Durchfall, Angst, Reizbarkeit sind nur einige der Nebenwirkungen, die bei Tests häufig aufgetreten sind.

Wir können eine Zwischenbilanz ziehen: Auf Plakaten und im Internet wird erzählt, man wolle leidenden Männern helfen, mit dem unangenehmen Problem »Ejaculatio praecox« zurechtzukommen. Die Informationen, die sich auf der Seite *späterkommen.de* finden, sind jedoch alles andere als vollständig. Das ist nicht weiter verwunderlich. Denn das Pharmaunternehmen *Berlin-Chemie* will vor allem eines: seine Medikamente verkaufen. Wie schlecht es Männern und Jungs wirklich geht, wenn da etwas früher fließt als gewünscht, ist den Managern der Firma wahrscheinlich nicht ganz so wichtig. Auch die Frage, ob man für besseren Sex nicht auch anderes tun kann, als eine Pille einzuwerfen, wird auf *späterkommen.de* zwar beleuchtet – aber nicht gerade ausführlich.

Gar nicht erwähnt wird auf der Internetseite, dass das Medikament, um das es hier geht, eine besondere Geschichte hat. Eigentlich wurde es entwickelt, um Depressionen zu behandeln. Dagegen erwies es sich allerdings als wenig hilfreich. Gleichzeitig stellten die Forscher fest, dass der Wirkstoff bei Männern einiges dämpft, wenn es um Sex geht. Das, was zunächst eine unerwünschte Nebenwirkung schien, wurde flugs zur erwünschten Hauptwirkung umgewidmet. Auch so lässt sich Geld verdienen. Das ist übrigens in der Pharmaforschung nicht ungewöhnlich. Schon etliche Medikamente waren ursprünglich gegen etwas ganz anderes gedacht. Viagra wurde eigentlich gegen Durchblutungsstörungen entwickelt. Der Blutdrucksenker Minoxidil ist als Medikament gegen Bluthochdruck nicht so erfolgreich, die Nebenwirkung »vermehrtes Haarwachstum« hat ihm eine zweite Karriere als Haarwuchsmittel eingebracht. Die Leute, die in der Pharmaindustrie arbeiten, sind keine Zauberer. Es sind normale Menschen, die von ihren eigenen Entdeckungen mitunter überrascht werden. Und wie überall, wo viel Geld verdient wird, gilt auch für die Pharmaindustrie: Es gibt dort Menschen, die tricksen, lügen und betrügen.

! Überlebenstipp 14:

Bei Informationen zu Gesundheitsthemen niemals nur einer Quelle vertrauen. Vor allem wenn ein Wirtschaftsunternehmen »Informationen« zu einem Gesundheitsthema plakatiert oder ins Internet stellt, muss man sehr vorsichtig sein. Das Tückische dabei: Oft sieht man erst auf den zweiten, dritten oder vierten Blick, wer hinter einer Sache steht. Deshalb sollte man bei Internetseiten zum Beispiel öfter mal auf einen Button gehen, der viel zu selten geklickt wird: Impressum. Da finden sich Hinweise, wer wirklich hinter »Informationen« steht, die in Wirklichkeit vielleicht nur versteckte Werbung sind. Und ein Grundsatztipp: Nicht immer, wenn der Körper etwas anders macht, als man es sich wünscht, muss eine Tablette her. Oft gibt es auch ganz andere Lösungen.

15 Das Risiko hat Räder – und zwar zwei bis vier

Wo die wirklichen Gefahren drohen, wenn man von A nach B kommen will

»Alle 18 Minuten kommt ein Kind unter 15 Jahren zu Schaden.« Das Statistische Bundesamt schlägt normalerweise nicht gerne Alarm. Wenn es um Verkehrsunfälle von Kindern und Jugendlichen geht, machen die sonst so nüchternen Statistiker allerdings eine Ausnahme. Sie listen auf: Rund 30 000 Kinder verunglücken jedes Jahr deutschlandweit im Straßenverkehr. Für die 15- bis 17-Jährigen macht das Amt eine eigene Zählung: Rund 20 000 in dieser Altersgruppe werden jedes Jahr im Straßenverkehr verletzt, um die hundert überleben die Unfälle nicht.

Mehr als 50 Jugendliche alleine in der Altersgruppe von 15 bis 17, die pro Tag im Straßenverkehr verletzt werden. Jeden dritten Tag ein toter Teenager. Solche Zahlen klingen erst einmal beängstigend. Leider wird der Straßenverkehr für Leute ab dem 18. Geburtstag noch mal gefährlicher. Wer sich einen Führerschein fürs Auto oder fürs Motorrad zulegt, lebt bzw. fährt – statistisch gesehen – riskant. Der Anteil der jungen Leute zwischen 18 und 24 Jahren an allen Verkehrstoten liegt mehr als doppelt so hoch wie ihr Anteil an der Bevölkerung: nur rund acht von hundert Deutschen gehören zu dieser Altersgruppe. Aber von den Verkehrstoten entfallen 17 von hundert auf die 18- bis 24-Jährigen.

Weiß gestrichene sogenannte »Geisterräder« – hier ein Beispiel aus Göttingen – machen in verschiedenen Städten auf das Schicksal getöteter Radfahrer aufmerksam.

Die Gründe sind naheliegend. Führerscheinneulinge sind hinterm Lenkrad noch unerfahren. Sie können mitunter noch nicht richtig einschätzen, wie riskant es ist, mit 120 Sachen in die Kurve zu gehen, sei es mit dem Auto oder mit dem Motorrad. Gleichzeitig suchen junge Leute überdurchschnittlich oft nach dem Kitzel, den man spürt, wenn man so richtig Gas gibt. Und leider setzen sie sich nicht selten ans Steuer, nachdem sie Alkohol getrunken haben.

Aber es gibt auch eine gute Nachricht. Vor gar nicht langer Zeit war das Risiko für Kinder und Jugendliche, im Straßenverkehr getötet zu werden, weit höher als heute. Im Jahr 1978 sind noch insgesamt 1449 Kinder und Jugendliche bei Verkehrsunfällen gestorben. Im Jahr 2013 waren es nur noch 58! Damit ist die Zahl der tödlich Verletzten in einem

Tempo gesunken, wie es sich vor 40 Jahren kaum jemand hätte träumen lassen.

Es bleibt aber dabei: Unter den Gefahren für Gesundheit und Leben, die über jungen Menschen in Deutschland schweben, ist die Gefahr, im Straßenverkehr verletzt oder getötet zu werden, auf jeden Fall die größte. Was lässt sich also tun? Zunächst mal: alles das, was man von klein auf über Verkehrssicherheit lernt, durchaus ernst nehmen. Mag ja sein, dass es cool aussieht, wenn man als Radler durch die Gegend heizt, als habe man rundum Stoßfänger wie ein amerikanischer Monstertruck. Kann ja stimmen, dass es ein paar Sekunden schneller geht, wenn man den Radweg auf der linken Straßenseite nimmt und nicht den auf der anderen Seite, der eigentlich für einen vorgesehen ist. Aber spätestens wenn das Blaulicht des Krankenwagens flackert und das Martinshorn plärrt, wird klar: Es ist keineswegs spießig, althergebrachte Regeln zu befolgen. Sich vorm Abbiegen umschauen, echten Respekt vor Lkws haben, Vorfahrtsregeln beachten, das ist nicht nur brav und streberhaft, sondern lebensrettend. Und wie es aussieht, ist es auch klug, auf dem Fahrrad einen Helm zu tragen.

Besser mit Helm! Besser mit Helm?

Es ist eine beliebte Vorführung, wenn Verkehrspolizisten in Schulen Werbung fürs Tragen von Fahrradhelmen machen wollen: Ein Polizist lässt eine Wassermelone aus etwa einem Meter Höhe auf den Boden fallen. Klare Sache, sie zerplatzt. Dann lässt der Beamte eine Melone, die er in einem Fahrradhelm festgeschnallt hat, auf den Asphalt plumpsen. Siehe da, die Melone bleibt heil! Der Beweis ist erbracht: Ein Helm schützt. Und wer einmal bei einem Sturz vom Rad auf den Kopf geknallt ist und sich – dank eines Helmes – nicht viel mehr geholt hat als Schädelbrummen, für den gibt es keinen Zweifel: immer mit Helm!

Trotzdem trägt die Mehrheit der Radler in Deutschland keinen Kopfschutz. Vor allem Erwachsene und Jugendliche verzichten darauf. Eltern stülpen zwar ihren Töchtern und Söhnen Helme über, selbst möchten sie aber lieber unbehelmt bleiben. Logisch ist ein solches Verhalten nicht, doch weit verbreitet. Die Helmverweigerer argumentieren meist, es sei keineswegs gesichert, dass der Helm wirklich ein so großer Schutz ist. Und tatsächlich: Dafür, dass das Anschnallen im Auto schwere Verletzungen und Todesfälle vermeiden hilft, gibt es klare Belege. Die Studien zum Helmtragen beim Fahrradfahren sind weniger eindeutig. Es gibt sogar das Argument: Wer einen Helm trage, gehe beim Radfahren unbewusst ein größeres Risiko ein und sei am Ende stärker gefährdet als ohne Helm. Es gibt Helmverweigerer, die sich auf dieses Argument berufen.

Wenn die Melone ein Leben hätte, könnte der Helm es möglicherweise retten.

Die meisten Helmverweigerer scheren sich aber in Wirklichkeit nicht groß um die wissenschaftliche Studienlage. Sie finden einfach, die Plastikschalen sehen doof aus. Oder sie machen sich Sorgen um ihre Frisur. Das allerdings ist eine ganz besondere Form der Risikoabwägung: Was ist mir wichtiger – dass meine Schädelknochen bei einem Unfall heil bleiben oder dass die Frisur keine Delle bekommt?

Studienlage hin oder her, wer Ärzte in den Notaufnahmen von Krankenhäusern oder auch Rettungssanitäter fragt, was sie zum Thema »Fahrradhelm« sagen, der wird fast immer hören: »Lieber einen aufsetzen. Die Verletzungen ohne Helm sind einfach weit heftiger als die, die Radfahrer mit Helm erleiden.«

Nicht nur bei diesem Friedhofssee gilt: Eine besonders riskante Art der Fortbewegung ist ein Gang über zugefrorene Gewässer bei Tauwetter.

Wie komme ich heil ans Ziel?

Sich von A nach B zu bewegen, kann also gefährlich sein. Stellt sich die Frage: Kann ich durch die Wahl des richtigen Verkehrsmittels mein Risiko verringern? Wenn man sich die Statistik anschaut, lautet die Antwort: ja, durchaus. Stellt sich die Anschlussfrage: Welches Verkehrsmittel wäre das? Der Bauch sagt bei vielen Leuten: »Das Flugzeug bestimmt nicht. Wenn ich mit dem unterwegs bin, bekomme ich beim Start oder spätestens bei den ersten Turbulenzen Todesangst.« Manche Menschen besuchen extra Kurse gegen Flugangst. Von Autofahrangst hat man viel seltener etwas gehört. Ist es jedoch vernünftig, vorm Fliegen Angst zu haben, vorm Autofahren aber nicht?

Die Antwort gibt mal wieder die Statistik. Um die Sicherheit von Auto, Bus, Zug und Flugzeug miteinander vergleichen zu können, muss man zählen, wie viele Menschen welche Strecke mit dem jeweiligen Verkehrsmittel im Jahr zurücklegen. Das Ergebnis dieser Rechnung sind sogenannte »Personenkilometer«. Diesen Wert teilen Statistiker dann durch die Zahl der jeweiligen Verletzten oder Toten. Daraus ergibt sich in einer Berechnung des Statistischen Bundesamtes für Deutschland folgende Liste:

Verkehrsmittel	Verletzte je Milliarde Personenkilometer	Tote je Milliarde Personenkilometer
Auto	275,8	2,93
Bus	73,9	0,17
Zug	2,7	0,04
Flugzeug	0,03	0,003

(Quelle: Statistisches Bundesamt)

Sprich: Ein normales Auto ist weit unsicherer als ein Bus. Der wiederum ist um einiges unsicherer als der Zug. Und der ist immer noch unsicherer als das Flugzeug. Das Statistische Bundesamt hat das in folgenden Satz gepackt: »Je zurückgelegten Personenkilometer ist das Risiko, im Auto tödlich zu verunglücken, 16-mal höher als im Bus, 72-mal höher als in der Eisenbahn und 839-mal höher als im Flugzeug.«

Wie erklärt sich dann, dass viele Menschen Angst vorm Fliegen haben? Zum einen ist es für nicht wenige einfach ein merkwürdiges Gefühl, kilometerweit über dem Boden zu schweben. Zumal dann, wenn das Flug-

Sofern man nicht gerade vor den Zug fällt, ist er ein ziemlich sicheres Verkehrsmittel. Selbst wenn – wie bei diesem Warnschild – die »Unglückszahl« 13 im Spiel ist.

zeug in sogenannten »Luftlöchern« durchgeschüttelt wird. Die Flugangst hat aber auch etwas mit den Berichten über Unfälle zu tun, die man hört und liest – oder auch nicht hört und nicht liest.

Damit es ein Autounfall in die Nachrichten schafft, muss etwas wirklich Schlimmes passiert sein. Eine Massenkarambolage mit sechs Toten kann durchaus mal eine Meldung in der *Tagesschau* wert sein. Dass jeden Tag über ganz Deutschland verteilt im Schnitt sechs Autofahrer sterben, im Monat also etwa 180, hört man nicht in den Nachrichten. Wenn hingegen 180 Menschen bei einem Flugzeugabsturz getötet werden, ist das sofort eine Onlineschlagzeile, eine Eilmeldung in den Radionachrichten.

Wenn ein Flugzeug absichtlich zum Zerschellen gebracht wird, wie im Fall der Germanwings-Maschine, die der Copilot im März 2015 abstürzen ließ, ist die Aufmerksamkeit für eine solche Katastrophe noch einmal höher – über Tage und Wochen hinweg. Das ändert aber nichts an einer Tatsache: Das Risiko, tödlich zu verunglücken, ist beim Fliegen weit geringer als bei jedem anderen Verkehrsmittel.

Muss man jetzt also von Furcht geschüttelt werden, wenn man ins Auto steigt? Keineswegs. Dass Flugzeuge und Züge so selten verunglücken, hat auch mit drei Tatsachen zu tun, von denen sich Autofahrer (oder auch Fahrrad- und Motorradfahrer) etwas abschauen können, wenn sie möglichst sicher unterwegs sein wollen. Für Piloten und Lokführer ist es streng verboten, sich ins Cockpit oder in den Führerstand zu setzen, wenn sie Alkohol im Blut haben. Es gehört außerdem zu ihrem Job, nichts zu riskieren. Gas geben, nur weil die Beschleunigung so geil ist; Tempo machen, weil man es so furchtbar eilig hat – das darf Piloten und Lokführern nicht passieren. Sie sollten auch nur dann loslegen, wenn sie sicher sind, dass ihr Zug oder Flugzeug technisch definitiv in Ordnung ist. Und: Es gibt keine 85-jährigen Piloten oder Lokführer, die sagen: »Ich kann das noch«, und sich dann bei der nächsten Autobahnauffahrt falsch einfädeln und zu Geisterfahrern werden. Wobei die Zugführer sowieso Probleme haben, falsch abzubiegen, es sei denn, jemand hat die Weichen falsch gestellt. Wenn alle Autofahrer, Motorradfahrer, Radfahrer nach den gleichen Regeln handeln würden, die für Piloten und Lokführer Pflicht sind, gäbe es wahrscheinlich auch auf den Straßen wesentlich weniger Unfälle.

Auch auf den restlichen rund 650 000 000 Metern des deutschen Straßennetzes besteht leider Unfallgefahr.

Aber es gibt auch eine Zahl, mit der man sich beruhigen kann, wenn man Angst vorm Autofahren hat. Das Statistische Bundesamt hat ausgerechnet: Ein Pkw-Fahrer in Deutschland wird im Schnitt alle 1,46 Millionen Kilometer in einen Unfall verwickelt, bei dem es Verletzte oder gar Tote gibt.

Selbst beim Spazierengehen im Wald kann Lebensgefahr drohen.

Sprich: Wenn jemand 10 000 Kilometer im Jahr fährt, gerät er – statistisch gerechnet – alle 146 Jahre in einen solchen Unfall. Eine solche Zahl ist natürlich ein bisschen unsinnig. Die Grundbotschaft, die dahintersteckt, ist aber richtig: Es gibt zwar eine Menge Autounfälle. Es gibt jedoch auch viele Autofahrer, die nie in einen Unfall verwickelt werden. Und von denen, bei denen es mal kracht, werden viele nicht verletzt.

Wobei vor allem fürs Auto und auch fürs Flugzeug gilt: Diese Verkehrsmittel richten selbst dann, wenn keine Unfälle geschehen, Schäden an. Schäden für die Umwelt. Wer Auto fährt oder mit dem Flugzeug fliegt, trägt besonders viel dazu bei, dass der Kohlendioxidgehalt in der Atmosphäre steigt. Das Kohlendioxid wiederum ist ein wesentlicher Grund für die Klimaerwärmung, die schon seit Jahren zu beobachten ist (siehe Kapitel 7). Es gilt auch hier, wie so oft im Leben: Alles hängt irgendwie mit allem zusammen.

! Überlebenstipp 15:

Definitiv nicht zu Leuten ins Auto steigen, die Alkohol getrunken haben. Sich selbst nicht mit Alkohol im Blut ans Lenkrad oder den Lenker setzen. Fahrradhelm tragen. Wirklich darauf achten, was andere Verkehrsteilnehmer machen. Nicht auf seinem Recht (wie etwa Vorfahrt) beharren. Wenn man die Wahl hat, Zug oder Bus statt Auto fahren.

16 XXXL

Warum es so schwer ist, nicht zu schwer zu sein. Und auch nicht zu leicht

Ist Obelix ein Trauerkloß? Ein Fettkloß ist der Gallier ohne jeden Zweifel. Wenn man auf den besten Freund von Asterix das Schema anwendet, nach dem Ärzte Übergewicht beurteilen, dürfte dabei herauskommen: Von den drei Stufen, in die Mediziner das krankhafte Dicksein (auf Latein: Adipositas) einteilen, ist Obelix mindestens auf Stufe zwei, wenn nicht sogar schon auf drei. Also gilt für ihn: Er sollte auf das eine oder andere Wildschwein verzichten.

Wer wissen will, ob er als »normalgewichtig«, »übergewichtig« oder »krankhaft übergewichtig« gilt, muss erst mal rechnen. Vor über hundert Jahren hat sich der Astronom und Statistiker Adolphe Quetelet folgende Maßzahl ausgedacht: Körpergröße mit sich selbst malnehmen (also Körpergröße in Zentimetern im Quadrat) und das Körpergewicht durch das Ergebnis teilen. Daraus ergibt sich der Body-Mass-Index, kurz BMI.

Bei Obelix haben die Autoren der Internetseite *comedix.de* ermittelt, dass er 1,96 Meter groß ist. Diese Zahl lässt sich weitgehend zuverlässig bestimmen, indem man im Band »Asterix bei den Olympischen Spielen« nachschaut, wie groß die Gallier im Vergleich zu den Säulen des Parthenon-Tempels in Griechenland sind. Weil es diese Säulen wirklich gibt, und zwar auch heute noch, kann man sagen: »Obelix' Größe entspricht einem bestimmten Teil der Höhe dieser Säulen. Und dieser Teil entspricht 1,96 Meter.«

Das Gewicht des Hinkelsteinproduzenten ist hingegen nicht bekannt. Aber der optische Vergleich mit kräftigen Männern der Gegenwart erlaubt eine Schätzung: Obelix dürfte in etwa 140 Kilo wiegen. Das heißt, sein BMI beträgt schätzungsweise 140 : (1,96 x 1,96) = 36,4.

Gewichtsstufen laut »Body-Mass-Index – BMI«

Gewichtskategorie	BMI
Starkes Untergewicht	unter 16
Mäßiges Untergewicht	16–17
Leichtes Untergewicht	17–18,5
Normalgewicht	18,5–25
Übergewicht	25–30
Adipositas Grad 1	30–35
Adipositas Grad 2	35–40
Adipositas Grad 3	über 40

Wobei hier gesagt werden muss: Der BMI alleine sagt nichts darüber aus, ob jemand zu viel Speck auf den Rippen hat oder nicht. Der frühere »Mister Universum« und spätere »Terminator« (und noch spätere Gouverneur von Kalifornien) Arnold Schwarzenegger hatte zu seinen muskulösesten Zeiten einen BMI von 33! Damals hatte er aber kaum Fett am Körper. Schwarzeneggers BMI wäre trotzdem in die Spalte »krankhaftes Übergewicht« gefallen. Denn der Body-Mass-Index ist blind für die Frage, ob es Fettpolster, Muskeln oder schwere Knochen sind, die einem Menschen Gewicht geben.

Ob jemand viel Fett mit sich herumträgt, lässt sich aber nicht nur mit Waage, Zentimetermaß und Taschenrechner beurteilen, sondern auch mit den Augen. Und da wird schnell klar: Obelix ist dick. Nach dieser klaren Feststellung noch einmal die Frage: Ist er deshalb unglücklich? Oder ist er krank? Oder beides?

Die Last des Gewichts

Unglücklich wegen seines Gewichts ist Obelix schon mal nicht. Er fühlt sich gar nicht dick. Er hat in den weit über fünf Jahrzehnten, seit er erstmals durchs heutige Nordfrankreich gestapft ist, nie großes Interesse an einer Diät gezeigt. Trotzdem: Wenn er heute zu einem Arzt in Deutschland ginge, wäre die Wahrscheinlichkeit groß, dass der ihm erschreckende Zukunftsaussichten vorhersagt: ein krankes Leben voller Leid und ein vorzeitiger Tod. Stellt sich die Frage: Hätte der Arzt uneingeschränkt recht mit so einer Warnung?

Die Antwort auf diese Frage ist nicht ganz einfach. Es ist richtig, sehr viele Studien zeigen inzwischen: Je fettleibiger jemand ist, desto größer ist die (statistische) Wahrscheinlichkeit, dass er im Lauf seines Lebens Erkrankungen wie diese entwickelt: Zuckerkrankheit, Bluthochdruck, Gelenkprobleme, Herzinfarkt, Schlaganfall. Aber nicht jeder Dicke wird krank. Es gibt auch richtig fette Leute, die zufrieden ihren 90. Geburtstag mit einer Sahnetorte feiern.

Dicke gibt's schon lange

Dass die Erfinder von Obelix ihn schon lange vor der Erfindung von Schokoriegeln, Chips, Tiefkühlpizza und Zuckerlimonaden als Dicken durch die antike Welt moppeln lassen, ist dabei gar nicht unrealistisch. Nicht nur vor 2000 Jahren – also zu den Zeiten von Asterix und Obelix – gab es bereits dicke Menschen. Archäologen haben eine Frauenfigur aus der Zeit vor 25 000 Jahren ausgegraben, von der man heute sagen würde: »Echt fett.« Wie viele Frauen es damals gab, die wie diese »Venus von Willendorf« aussahen, weiß niemand. Sicher aber dürfte sein: Der Steinzeitmensch, der ihre üppigen Rundungen geformt hat, wusste, wie es aussieht, wenn jemand richtig dick ist.

Die »Venus von Willendorf« zeigt: Schon vor 25 000 Jahren gab es dicke Menschen.

Warum aber werden Menschen überhaupt dick? Was denkt sich die Natur dabei, wo es doch ganz offensichtlich nicht gut für den Körper ist, zu viel Fett anzusammeln? Wer viel Wasser trinkt, scheidet in der Regel all das an Flüssigkeit wieder aus, was er nicht braucht. Warum wirft der Körper nicht auch überflüssige Kalorien einfach über Bord?

Die Antwort hat etwas mit der Vergangenheit der Menschen zu tun. In früheren Jahrtausenden hatten unsere Vorfahren in guten Zeiten mehr zu essen, in schlechten weniger. Oder nichts. Deswegen war es wichtig, dass der Körper in den guten Zeiten Energievorräte anlegen konnte. Von denen ließ sich dann zehren, wenn es gerade nichts zu beißen gab. Es hatten also die Menschen Vorteile beim Kampf ums Überleben, die in der Lage waren, Energie zu speichern.

Der heutige Mensch lebt völlig anders als die Leute vor 40 000 oder 50 000 Jahren. Die mussten mühsam durch die Savanne oder durch Wälder streifen, um das zu ergattern, was sie zum Überleben brauchten. Auf der Suche nach Nahrung – und der Energie, die in dieser Nahrung steckt – haben sie viel Energie verbraucht. Das haben sie keineswegs freiwillig getan. Damit die Vorfahren des modernen Menschen nicht morgens träge liegen blieben, hat die Natur sich den Hunger ausgedacht. Dieses Gefühl überkommt ziemlich schnell jeden, der nicht alle paar Stunden Nahrung aufnimmt. Und es kann ein ausgesprochen fieses Gefühl sein.

Die Natur hat unseren Vorfahren dieses Gefühl allerdings zu einer Zeit eingebaut, als die Menschen ihre Mägen mit Wurzeln, Beeren oder Grassamen füllten. Die enthalten vergleichsweise wenig Energie, geben aber trotzdem das Gefühl, einigermaßen satt zu sein. Hundert Gramm Schokolade (die es bei der »Erfindung des Hungers« nicht gab) machen auch nicht viel satter als hundert Gramm Karotten. Die Schokolade enthält aber weit mehr als zehnmal so viel Energie wie das Wurzelgemüse.

Heute können wir fast ohne jeden Energieaufwand unsere Körper mit Zucker, Fett, Kohlenhydraten und Eiweiß überschwemmen. Wir müssen nur in den Supermarkt um die Ecke. Und wenn uns das zu aufwendig ist, können wir auch den Pizzaservice kommen lassen oder das Müsli im Internet bestellen. Deshalb sind wir alle in Gefahr, zu viel Energie aufzunehmen. Und dick zu werden.

Dicksein als Schicksal?

Warum jemand dick wird, lässt sich also etwas vereinfacht so beantworten: Er nimmt mehr Energie auf, als er verbraucht. Dabei ist es nicht ganz so wichtig, ob er sich diese Energie in Form von Nudeln, Hamburgern, Schokolade, Chips, Limonade oder Energydrinks einverleibt. Wenn es zu viel ist, ist es zu viel. Deswegen gibt es nur einen Weg, nicht zu dick zu werden: nicht mehr an Energie aufnehmen, als man verbrennt. Wobei sich die Menge der Energie, die man verbrennt, steigern lässt, etwa durch Sport oder andere Bewegung.

Aber hier muss gleich hinterhergeschoben werden: Es gibt Menschen, bei denen es – auch wegen ihrer Erbanlagen – wahrscheinlicher ist, dass sie Polster ansetzen. Und es gibt Menschen, denen es leichter fällt, schlank zu bleiben. Niemand entscheidet sich bewusst dafür, dick zu werden (außer einigen wenigen Schauspielern, die sich für eine bestimmte Filmrolle zehn oder 20 zusätzliche Kilos anfuttern). Das wiederum heißt: Es hat keinen Sinn, sich schuldig oder gar »sündig« zu fühlen, wenn man dick wird.

Wer ein Stück Torte oder ein paar Riegel Schokolade futtert und sagt: »Jetzt sündige ich mal«, der gerät schnell in eine merkwürdige Denkrichtung. Dieses Denken kann einen sogar in eine gefährliche Spirale bringen, nach dem Muster: »Jetzt habe ich die Sünde begangen, eine halbe Tafel Schokolade zu essen. Nun esse ich das Ding gleich ganz auf. Ein Verbrecher gegenüber meinem Körper bin ich so oder so.«

Die richtige Größe

Das Gefühl, eine Sünde begangen zu haben, ist vielen Leuten heute natürlich wurscht. Vor allem jungen Leuten. Das Gefühl aber, in den Augen der anderen »der Dicke« oder »die Dicke« zu sein, ist für die meisten reichlich unschön. Selbst Obelix, dem seine Fettleibigkeit die meiste Zeit egal ist, muss feststellen: Die supermodeltaugliche Falbala verliebt sich nicht in ihn, sondern in den schlanken und durchtrainierten Tragicomix.

Stellt sich die Frage: Wenn die Hose, die Obelix trägt, ganz klar jenseits von XXXL ist, welche Größe sollte er denn klugerweise anstreben? Und auch andersherum stellt sich die Frage: Warum sollte ich eigentlich nicht versuchen, eine möglichst niedrige Kleidergröße zu erreichen – bis hin zu »Size Zero«? Die Antwort auf diese Frage lautet: Wenn sich die Angst vorm (vermeintlichen) Übergewicht im Kopf festsetzt, kann sie mindestens so gefährliche Folgen für die Gesundheit haben wie übermäßige Fettleibigkeit.

»Schlank sein wollen« kann eine Krankheit sein. Sie hat auch einen Namen: Magersucht, auf Griechisch: Anorexie. Es gibt aber noch mehr Krankheiten, die in eine ähnliche Richtung gehen. Bei der Bulimie erleben die Betroffenen echte »Fressattacken« und sorgen hinterher selbst dafür, dass sie sich erbrechen. Bei der »Binge eating disorder« gibt es hinterher kein Spucken, sondern eben nur die hemmungslosen Fressattacken. Alle diese Gesundheitsprobleme werden unter dem Begriff »Essstörungen« zusammengefasst.

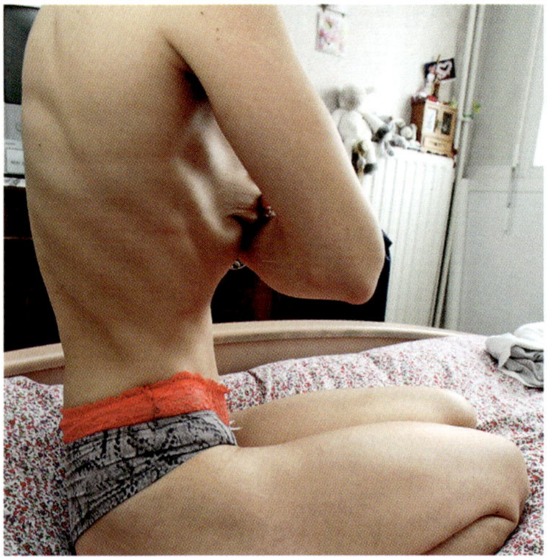
Schlank sein wollen kann eine Krankheit sein. Eine tödliche Krankheit.

Wenn man sich Untersuchungen ansieht, wie sie zum Beispiel die Bundeszentrale für gesundheitliche Aufklärung (BZgA) veröffentlicht, dann sind solche Störungen vor allem bei Jugendlichen und jungen Erwachsenen weit verbreitet. Die BZgA schreibt: Bei einem von drei Mädchen zwischen 14 und 17 Jahren gebe es Hinweise auf eine Essstörung. Bei Jungs sei einer von acht auffällig. Und Magersucht »zählt bei Mädchen und jungen Frauen zu den häufigsten Todesursachen«.

Das klingt alles ja erst einmal ziemlich entsetzlich: Die neben dem Atmen alltäglichste und notwendigste Sache der Welt – das Essen – kann ein riesiges Problem sein. Ein tödliches Problem sogar.

Stopp! Jetzt entspannen wir uns erst mal vor dem Weiterlesen. Denn es muss ja wohl möglich sein, dieses Problem namens »richtig essen« in den Griff zu bekommen. Und hier muss man unterscheiden zwischen Leuten, die ein wirklich schwerwiegendes Problem haben, und denen, die alleine mit sich und dem Essen zurechtkommen. Wer wirklich an krankhafter Magersucht oder Bulimie leidet, braucht die Hilfe anderer Menschen, die sich auf die Behandlung dieser Erkrankung spezialisiert haben. Und genauso Hilfe brauchen die, die an wirklich krankhaftem Übergewicht leiden.

Alle anderen können durchaus mal über ihr Gewicht nachdenken, doch sie sollten es sicher nicht übertreiben.

! Überlebenstipp 16:

Beim Thema »Gewicht« nicht verkrampfen. Aber mal prüfen, welche Dickmacher zum eigenen Ernährungsalltag gehören. Schokolade, Chips, Erdnüsse, gezuckerte Getränke sind nicht nur lecker, in ihnen steckt auch enorm viel Energie. Auch Pizza, Eis oder Sahnejoghurt sind nicht ohne.

Und: beobachten, ob dauerhaft mehr an Bauch, Hüfte, Po hängen bleibt, als man sich wünscht. Pro Jahr zwei Kilo aufs Wunschgewicht draufzusatteln, geht ruckzuck. Nach fünf Jahren zehn Kilo dauerhaft wieder wegzukriegen, ist schwierig.

Und wenn jemand sichtlich zu dünn ist? Was dann? Meist wird sie (oder auch er) das selbst nicht erkennen. Dann müssen Menschen aus dem Umfeld etwas tun. Zum Beispiel Kontakt zu einer Beratungsstelle herstellen.

17 Der Killer vom Grill

Warum man es mit der »richtigen Ernährung« auch übertreiben kann

»Eine Wurst pro Tag kann tödlich sein« – diese knackige Überschrift hat die Zeitschrift *Focus* gewählt, als sie im März 2013 über Forschungsergebnisse der Universität Zürich zum Thema »richtiges Essen« berichtete. Die Überschrift ist allerdings ein Beispiel dafür, wie unsinnig sich übers Thema »Essen« schreiben lässt. Dabei haben die Journalisten des *Focus* einen Titel zugespitzt, der über einer Pressemitteilung der Uni Zürich stand: »Eine Wurst pro Tag ist zu viel«. Im zugehörigen Text erklären die Schweizer Forscher: »Wer täglich mehr als 40 Gramm Wurstwaren oder andere Arten verarbeitetes Fleisch isst, riskiert, früher zu sterben: Das Risiko erhöht sich je 50 Gramm Fleischprodukte pro Tag um 18 Prozent.« Und schon eine mittelgroße Wurst wiegt schnell mal 50 Gramm und mehr.

Auf die Einzelheiten dieser Untersuchung einzugehen, lohnt sich nicht. Denn die Behauptung »Das Risiko, früher zu sterben, erhöht sich um 18 Prozent« ist so wenig greifbar, dass man sich als normaler Mensch damit gar nicht weiter befassen muss. »18 Prozent von was?« Diese Frage lassen die Forscher in der Pressemitteilung offen. Und die Wissenschaftler geben auch selbst zu: Es ist nie die Wurst alleine, die jemanden möglicherweise krank macht oder gar tötet.

Vielmehr haben die Schweizer festgestellt, dass Menschen, die große Mengen an Fleisch essen, das bestimmte Zusatzstoffe enthält (wie das eben bei Würsten der Fall ist), statistisch gesehen eine niedrigere Lebenserwartung haben als andere Menschen. Aber das Fleisch ist nie der einzige und direkte Grund für einen frühen Tod. Es kann also sinnvollerweise keinen Totenschein geben, in dem als Sterbeursache steht: »Der Tote hat täglich mehr als 50 Gramm Wurst gegessen.«

Aber nicht nur Würste sind angeblich lebensverkürzend. »Zu viel Salz kann tödlich sein« war im März 2013 im *Kölner Stadtanzeiger* zu lesen. Es ging um eine Studie der angesehenen amerikanischen Harvard-Universität. Und sogar über Milch, die angeblich doch so gesund ist, lassen sich Warnungen finden: »Menschen unter 65, die zu viel Fleisch, Eier und Milchprodukte essen, sterben viermal häufiger an Krebs oder Diabetes als Menschen, die sich ausgewogen ernähren«, so stand es im März 2014 in der Zeitschrift *Wirtschaftswoche*.

Heißt das, es ist alles wurst rund um die Wurst? Nein, ist es nicht. Es gilt: Wichtig rund ums Essen ist das Zauberwort »ausgewogen«. Wobei man sich damit abfinden muss: Was ausgewogen bedeutet, lässt sich nicht genau festlegen. Es hat keinen Wert, zu sagen: »Genau fünf Portionen Obst und Gemüse am Tag müssen es sein. Wer nur drei zusammenbekommt, ist ein Ernährungsversager.« Es ist Unsinn zu behaupten: »Mehr als 50 Gramm Fleisch am Tag dürfen es nicht sein.« Es stimmt nicht, zu verkünden: »Wer nicht mindestens einmal in der Woche Fisch ist, wird krank.«

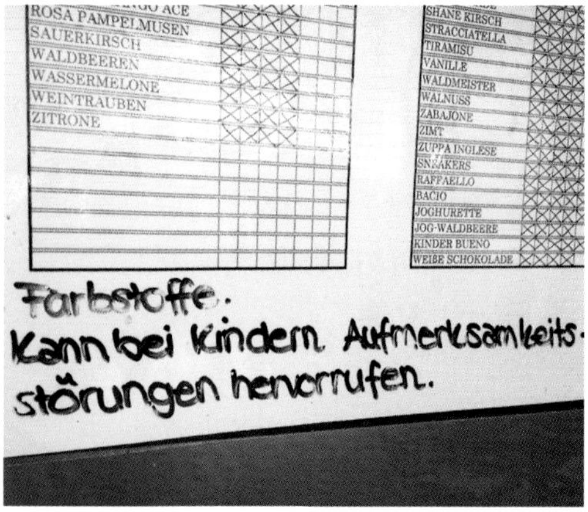

Warnung in einer Eisdiele vor Aufmerksamkeitsstörungen durch Farbstoffe im Speiseeis. Da kann einem der Appetit vergehen.

Ausgewogen essen heißt schlicht: nicht zu viel von irgendwas. Nicht morgens, mittags, abends viel Fleisch essen. Nicht jeden Tag fünf Eier essen. Nicht jede Menge Lebensmittel futtern, die viel Fett enthalten. Nicht laufend Sachen naschen, die vor Zucker strotzen. Aber auch: nicht versuchen, sich ausschließlich von grünem Salat und Rote Bete zu ernähren.

Gefangen im Tabellengitter

Auf den ersten Blick scheint das ja auch ganz einfach. Auf den allermeisten Lebensmitteln finden sich inzwischen Angaben darüber, wie viel Fett, Zucker oder Salz sie enthalten und wie viel Prozent des täglichen Kalorienbedarfes sie liefern. Mitunter steht auch dabei, welchen Anteil des Vitaminbedarfs ein Lebensmittel deckt. Wenn ein Lebensmittel Farbstoffe oder Konservierungsstoffe enthält, muss der Hersteller darauf hinweisen. Doch auch diese Zahlen können schnell mehr Verwirrung stiften als Orientierung geben. Nehmen wir an, jemand möchte genau die richtige Menge an Kalorien, die richtige Menge Salz, die richtige Menge Zucker zu sich nehmen. Wie soll das gehen? Morgens wiegt er ab, wie viel Gramm Cornflakes in der Schüssel gelandet sind und wie viel Milch; dann notiert er die entsprechenden Daten in einer Liste, addiert die Werte vom Schokoriegel am Vormittag, und danach weiß er, ob er richtigliegt? Wer hat denn dazu Lust und Zeit?

Mittags wird es endgültig ungenau. Denn wer weiß schon, wie viel Prozent der täglich erlaubten Fett- oder Salzmenge in den Spaghetti bolognese sind? Und wie viel Prozent der erwünschten Menge an Vitamin C oder Eisen? Und ob am Abend dann die empfohlenen 2000 Kalorien Tagesenergiemenge erreicht oder überschritten wurden, lässt sich nie sagen. Oder um wie viel Gramm man die empfohlene Salzmenge übertroffen hat. Angaben über Zucker, Salz oder Kalorien auf der Fertigpizzapackung oder dem Schokoriegel mögen also ganz interessant sein. Sie geben eine Idee davon, was echte Kalorienbomben oder Salzgranaten sind, aber eigentlich wissen wir das auch so. Bei der Frage »Wie ernähre ich mich richtig?« sind solche Listen also allenfalls eine kleine Hilfestellung.

! Überlebenstipp 17:

Von allem essen, was halbwegs schmeckt. Nicht einseitig essen.
Statt sich stundenlang mit Nährwert- oder Vitamintabellen zu beschäftigen, sich Zeit fürs Essen und Trinken nehmen. Nicht mit Burger, Donut, Pappbecher durch die Gegend hetzen, sondern bewusst essen, ohne zu verkrampfen beim Versuch, »richtig« zu essen. Süße Getränke einfach weglassen. Entdecken, wie gut Obst, Gemüse, Salat sein können. Selbst kochen! Oder wenigstens die loben, die für einen selbst kochen.

18 Bin ich schön?

Wie die Sehnsucht nach dem perfekten Körper die Gesundheit gefährden kann – die körperliche und auch die geistige

Im Jahr 2000 hat sie zum ersten Mal einen Platz im Guinnessbuch der Rekorde ergattert. Seitdem hat Cindy Jackson immer wieder erfolgreich den Titel »Frau mit den meisten Schönheitsoperationen« verteidigt. Die 1958 geborene US-Amerikanerin hat weit über 50-mal das Skalpell ansetzen lassen: Augen, Nase, Kinn, Wangenknochen, Brüste, Oberschenkel, Knie – es gibt kaum eine Stelle ihres Körpers, die Cindy Jackson so gelassen hätte, wie es von der Natur mal vorgesehen war.

Mehr als 50 Operationen, obwohl man gar nicht krank ist? Auch irgendwie krank, oder? Und es ist keineswegs so, dass Cindy Jackson vor ihren OPs hässlich gewesen wäre. Bilder von ihr im Alter von etwa 20, die sie selbst ins Netz gestellt hat, zeigen eine hübsche junge Frau. In einem Interview erklärt sie, sie habe Kunst studiert. Und da habe sie festgestellt, dass ihr Gesicht und ihr Körper nicht den Vorstellungen von perfekter Schönheit entsprochen hätten, wie man sie aus der klassischen Kunst kennt. Und dem Schönheitsideal dieser Kunst wolle sie folgen.

Ist Cindy Jackson verrückt? Unintelligent ist sie schon mal nicht. Zumindest nicht, wenn es um Intelligenz geht, wie sie in IQ-Tests gemessen wird. Da kommt sie auf einen ausgesprochen hohen Intelligenzquotienten von 164. Sie ist Mitglied im Verein »Mensa«, in dem sich Leute mit besonders hohem IQ zusammengetan haben. Dass irgendetwas in Cindy Jacksons Kopf ein bisschen speziell ist, denkt man sich aber doch, wenn man noch einmal die Zahl betrachtet: mehr als 50 Schönheitsoperationen! Immerhin sieht sie nach diesen vielen OPs noch ganz gut aus, wenngleich auch nicht mehr so ganz natürlich.

Auch ein Weg, ins »Guinnessbuch der Rekorde« zu kommen: Cindy Jackson gilt als Frau mit den meisten Schönheits-OPs.

Bei anderen Dauerkundinnen der Schönheitschirurgie sind die Ergebnisse nicht ganz so ansehnlich. Wenn man sich Bilder der Modeschöpferin Donatella Versace oder der amerikanischen Milliardärin Jocelyne Wildenstein anschaut, kann man sich schon fragen: Ist das die Schöne oder das Biest? Aber auch Männer entgleisen durchaus mal auf der Achterbahn der Schönheitschirurgie. Der Schauspieler Mickey Rourke war mal ein ganz nett aussehender junger Mann. Lang, lang ist's her.

Donatella Versace oder Jocelyne Wildenstein: Wer ist die Schönste im ganzen Land?

Du musst schön sein!

Man kann natürlich auch fragen: Ist es schön, ein Gebiss zu haben wie zum Beispiel der Schauspieler Jürgen Vogel? Hätte der nicht rechtzeitig mehr Hilfe von Zahnärzten und Kieferorthopäden in Anspruch nehmen sollen, um sich ein hübsches Lächeln machen zu lassen?

Heute gilt: So aussehen wie Jürgen Vogel geht gar nicht. Vor 30 oder 40 Jahren hingegen gab es in jeder Schulklasse ein oder zwei, die Zähne wie der heutige Topschauspieler hatten. Da ging das durchaus. Und es gab mindestens fünf oder zehn, bei denen die Zähne zwar nicht ganz so krass auseinanderstanden wie bei Jürgen Vogel, aber doch so, dass es heute hieße: klarer Fall für sofortigen Intensiveingriff im Mund! Es gab also vor gar nicht langer Zeit jede Menge Jugendliche, die um einiges von dem entfernt waren, was heute standardmäßig das Ziel ist: das perfekte Gebiss.

Und wehe dem, der sich diesem Ziel nicht bedingungslos unterwirft! Er ist in der akuten Gefahr, Zielscheibe von Cybermobbing zu werden. Wie schnell das geht, erleben vor allem Promis. So fiel dem Beautyportal *shape.de* zum Lächeln des Musikers Pete Doherty der Satz ein: »Das Chaos in seinem Mund sieht nicht gerade appetitlich aus.« An der Schauspielerin Kirsten Dunst kritisiert dieses Internetportal: »Ihr Gebiss erinnert schon ein bisschen an einen Blutsauger.« Auch über die Sängerin Avril Lavigne schreiben die Schönheitsfanatiker, ihre Eckzähne »erinnern ziemlich an Graf Dracula.«

Aber nicht nur wenn es ums Zahnpastawerbelächeln geht, wird jungen und nicht mehr ganz so jungen Leuten im Netz, im Fernsehen oder auf Plakaten eingebimst: »Unterhalb von Perfektion geht gar nichts.« Auch die Haut muss makellos sein. Das Blöde dabei: In der Zeit zwischen etwa

Genialer Schauspieler mit nicht ganz so genialen Zähnen: Jürgen Vogel.

Muss man Avril Lavigne wegen ihrer Zähne öffentlich herunterputzen?

zwölf und 20 Jahren hat so gut wie jeder Junge und so gut wie jedes Mädchen mal Pickel. Die *Akne vulgaris* kann schlimmer und weniger schlimm ausfallen. Doch sie erwischt fast alle. Für die allermeisten geht sie aber auch wieder vorbei.

Bei der Akne tut allerdings nicht nur die Haut weh. Es schmerzt genauso in der Seele, wenn man in den Spiegel schaut und immer wieder neue Pickel entdeckt. Es ist wissenschaftlich belegt, dass bei vielen Jugendlichen das Hautproblem auch erhebliche psychische Probleme nach sich zieht. Wer sich denkt: »Ich hasse meine Haut – und eigentlich hasse ich deswegen gerade alles«, der ist mit diesem Gedanken nicht allein.

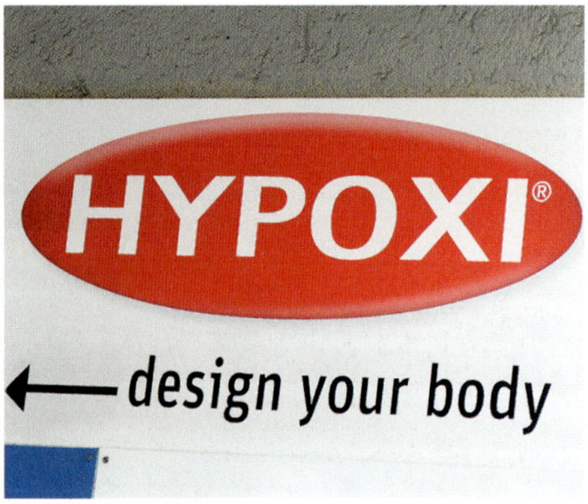

Seinen Body designen wie ein gemaltes Bild – will man das?

Das Gesicht des Geldes

Es gibt natürlich auch Lösungsangebote für das Akneproblem. Die Hersteller von Waschlotionen und Pickelcremes machen Millionenumsätze. Ärzte können auch Mittel verordnen, die jene Bakterien bekämpfen, die an der Akne beteiligt sind. Und in besonders schweren Fällen können Medikamente helfen, etwa Antibiotika.

Antibiotika sind Arzneien, die es in sich haben. Sie unterliegen deshalb strengen Kontrollen. Ein Arzt schreibt ein Rezept aus, mit dem muss man anschließend in eine Apotheke. Völlig unkontrolliert hingegen entwickelt sich derzeit ein Medikamentenmarkt, der auch etwas mit gutem Aussehen zu tun hat. Die Arzneigruppe der anabolen Steroide ist ursprünglich entwickelt worden, um Menschen zu helfen, die krankhaft wenig Muskeln haben. Inzwischen aber werden Anabolika weltweit von Millionen Menschen eingeworfen und gespritzt, die sich einen muskulösen Traumkörper herbeisehnen.

Auch Anabolika können jedoch Nebenwirkungen haben, die sich niemand wünschen dürfte, der Mister Universum als Vorbild hat: schrumpfende Hoden, Impotenz, Wachsen der Brust beim Mann (allerdings der Drüse, nicht des Brustmuskels …), Herzschäden, Haarausfall. Natürlich haben Muskelpillen nicht immer solche unangenehmen Effekte. Aber sie können sie haben, vor allem wenn man zu viel davon verwendet.

Wer ordentlich Muckis haben will, sollte Muckipillen misstrauen – die Muckibude muss genügen.

Diejenigen, die mit Pillen und Ampullen auf zuverlässige Weise einen perfekt geplanten Körper herbeizaubern wollen, lassen sich dabei erstaunlicherweise meist mit Lieferanten ein, die alles andere als zuverlässig und planvoll sind. Weil Anabolika in Deutschland von Ärzten verordnet werden müssen, ist der Muskelpillenmarkt ein Schwarzmarkt. Eine Aussage darüber, wie sicher solche Muskelpräparate sind, ist etwa so zuverlässig wie eine Wettervorhersage für den 22. Mai des Jahres 2205.

Sicher ist nur: Es gibt eine Menge Leute, die eine Menge Geld damit verdienen.

Wer anfängt, den Kampf um einen schönen Körper aufzunehmen, der sollte wissen, dass dieser Kampf ziemlich bitter und ungesund sein kann. Und er sollte wissen, dass dieser Kampf zu einer Krankheit werden kann. Ärzte sprechen von »Dysmorphophobie«, wenn jemand krankhafte Angst hat, nicht schön genug zu sein. Das ist eine Krankheit, die man sich nun wirklich sparen kann.

! Überlebenstipp 18:

Sich einfach nicht dem Schönheits- und Perfektionsirrsinn unterwerfen. Auch wenn's manchmal schwer ist. Verdammt schwer sogar.

19 Bauch über Kopf

Warum es manchmal richtig ist, über Entscheidungen nicht lange nachzudenken. Und wie man beim Hören aufs Bauchgefühl am besten den Kopf beteiligt

Wer eine nicht ganz unbelebte Straße in einer Innenstadt unverletzt überqueren möchte, der kann es so machen: Er schätzt erst mal ab, wie breit die Straße ist. Nehmen wir an, der Fußgänger (nennen wir ihn Peter Pedes) weiß, dass so eine Straße um die acht Meter breit ist. Er weiß außerdem, dass Fußgänger üblicherweise mit fünf Stundenkilometern unterwegs sind. Wenn er ein guter Kopfrechner ist oder schnell im Rechenprogramm seines Smartphones herumtippt, kann er daraus schließen, dass er in einer Sekunde etwa 1,4 Meter zurücklegt. Nach drei Sekunden hat Peter also etwas mehr als die Hälfte der Straße geschafft. Da könnte es allerdings sein, dass er – PENG! – von einem Auto über den Haufen gefahren wird, das von rechts kommt.

Um das zu vermeiden, fixiert Peter Pedes das nächste sichtbare Auto, das von rechts kommend in seine Richtung fährt. Er wartet, bis dieser Wagen an vier parkenden Autos vorbeigefahren ist. Denn deren Gesamtlänge entspricht etwa 25 Metern. Das konnte der kluge Peter ausrechnen, weil er weiß, dass Autos meist viereinhalb bis fünf Meter lang sind und Parklücken von rund sechs Metern brauchen. Während das Auto also an den parkenden Autos vorbeifährt, zählt er die Sekunden, indem er anfängt zu sagen: »Einundzwanzig, zweiundzwanzig.« Denn »einundzwanzig« zu sagen, dauert etwa eine Sekunde. Peter Pedes wird feststellen, dass nach knapp zwei Sekunden das für ihn möglicherweise gefährliche Auto 25 Meter zurückgelegt hat. Daraus kann er errechnen, dass es – vorschriftsgemäß – etwa fünfzig Stundenkilometer fährt, was rund 14 Metern in der Sekunde entspricht. Das heißt: Wenn das fahrende Auto in dem Moment, in dem er als Fußgänger losgehen möchte, noch neun parkende Autos entfernt ist und ungebremst weiterfährt, wird es ihn rammen. In diesem Fall wartet Peter lieber noch ein bisschen, bevor er losläuft. Er will ja unverletzt ankommen.

Schnell entschieden

Kein Mensch geht so vor, wenn er über eine Straße will. Bei all der Rechnerei würde kaum jemand überhaupt noch da ankommen, wo er hinmöchte. Die Entscheidung, loszugehen oder stehen zu bleiben, treffen wir nicht mit kühl rechnendem Kopf, sondern nach dem Bauchgefühl: Ist das Auto weit genug weg? Diese Frage beantworten normale erwachsene Menschen für sich im Bruchteil einer Sekunde. Ohne zu rechnen. Kleine Kinder tun sich da noch schwer, sie lernen das Abschätzen aber schneller als das Rechnen.

Lange nachdenken, Informationen sammeln, bewerten, rechnen ist manchmal richtig. Oft ist es allerdings besser, eine Entscheidung aus dem Bauch heraus zu treffen. Der Mensch könnte sein Leben gar nicht bewältigen, wenn er nicht viele Entscheidungen blitzschnell treffen würde.

Bauchentscheidungen sind auch keineswegs blinde Entscheidungen. Wer hundertmal eine Straße überquert hat, hat ein Gefühl dafür, wann er fahrende Autos zu einer Vollbremsung zwingt und wann nicht. Ein Bauchgefühl kann täuschen. Aber erstaunlich oft klappt es damit ganz gut.

Ihr Bauchgefühl sagt Touristen in Rom, dass sie sich durchaus auf diese Mauer setzen können – auch wenn in mehreren Sprachen davor gewarnt wird.

Sehr unzuverlässig wird das Bauchgefühl allerdings in Situationen, in denen man auf wenige oder gar keine eigenen Erfahrungen zurückgreifen kann. Wenn der Arzt eine Impfung empfiehlt, kann niemand sagen: »Ja, gegen Masern habe ich mich schon tausendmal impfen lassen, und das war immer ganz prima hinterher. Und meine drei Milliarden besten Freunde, die haben das auch so gemacht. Uns allen geht es jetzt super. Und wir haben die Masern mit der Impfung so gut wie ausgerottet.« Wenn Klimaforscher vor dem Treibhauseffekt warnen, kann niemand dazu den Kommentar abgeben: »Ich habe es schon hundertmal erlebt, wie es ist, wenn der Kohlendioxidgehalt in der Luft ansteigt. Deswegen weiß ich: wird schon nicht so schlimm. Ich haue weiter klimaschädliche Gase raus, wie ich lustig bin.« Hier sind zusätzliche Informationen gefragt, um sich ein Bild machen zu können.

Der Irrtum der Weihnachtsgans

Ein weiteres Problem beim Umgang mit Informationen: Wer sich auf eigene Erfahrungen stützt, die er jeden Tag neu sammelt, kann auch von Tag zu Tag immer weiter danebenliegen. Stellen wir uns eine Gans vor, die nicht weiß, dass sie ihr Leben als Weihnachtsgans beenden wird. Dieses Tier wird irgendwann im Sommer von dem Hof, auf dem es geboren wurde, auf einen neuen Bauernhof gebracht. Am ersten Tag in ihrem neuen Zuhause hat die Gans große Angst vor dem unbekannten Mann, der morgens zu ihr kommt. Sie stellt aber fest, dass er ihr nicht den Hals umdreht, sondern etwas zu fressen bringt. Guter Mann!

Schicksal einer Weihnachtsgans: vorher …

… nachher.

Am zweiten Tag hat sie immer noch Angst, doch auch dieses Mal tut ihr der Mann nichts. Im Gegenteil: Er gibt ihr wieder etwas zu fressen. Sehr guter Mann! Das geht über Wochen und Monate so. Mitte Dezember ist der Vogel völlig sicher, dass dieser Mann der vertrauenswürdigste Mensch auf der Welt ist, ein wirklich guter Mann! Bis er kurz vor Weihnachten mit dem Tier das macht, was ein Mäster mit Weihnachtsgänsen eben so tut.

Nun sind Menschen keine Weihnachtsgänse. Aber auch sie neigen dazu, aus den Erfahrungen, die sie machen, und aus den Informationen, die sie sammeln können, vermeintlich absolute Sicherheiten zu schließen. Dabei vergessen sie, dass es noch Sachverhalte geben könnte, von denen sie nichts wissen. Sachverhalte, von denen sie möglicherweise *noch* nichts wissen, später aber etwas dazulernen. Oder Sachverhalte, von denen sie niemals etwas wissen werden.

Wobei die Menschen gegenüber Gänsen einen großen Vorteil haben. Die Möglichkeiten des Wesens mit dem lateinischen Namen *Homo sapiens,* sich Informationen zu beschaffen und Informationen zu verstehen, sind um einiges größer als die Möglichkeiten des Wesens, das auf Lateinisch *Anser anser domesticus* heißt.

Das heißt: In allen Situationen, in denen kein starkes Bauchgefühl hilft, muss man sich Informationen beschaffen. Man braucht Ratschläge von Leuten, die sich auskennen. Man braucht Informationen, zum Beispiel aus Statistiken. Dann gilt es, diese Informationen zu bewerten und eine Entscheidung zu treffen. Will ich tatsächlich Vitaminpillen schlucken, in der Hoffnung, dass die mich gesund erhalten? Vitamine sind doch gesund, heißt es immer. Will ich eine Diät machen, um ein bestimmtes Gewicht zu erreichen? Will ich mich gegen diese oder jene Krankheit impfen lassen?

Der Umgang mit solchen Informationen ist nicht immer leicht. Es gibt viele »Un-Statistiken«, die mehr Verwirrung stiften als Klarheit schaffen. So werden beispielsweise Diäten mit statistischen Aussagen wie diesen beworben: »Unabhängige Studien beweisen, dass über 90 Prozent der Teilnehmer ihr Wunschgewicht erreichen und sogar halten.« Sauber durchgeführte Studien allerdings zeigen: Es gibt keine Wunder- oder Zauberdiät. Nicht eine einzige. Die Behauptung von den »über 90 Prozent« ist also komplette Irreführung. Unsinn. Quatsch.

Die Legende von der gefälschten Statistik

»Traue keiner Statistik, die du nicht selbst gefälscht hast« – diesen Spruch kann man immer wieder hören. Oft wird der britische Staatsmann Winston Churchill (1874–1965) als Autor genannt, um diesem Satz besonderes Gewicht und besondere Glaubwürdigkeit zu geben. Allerdings ist nicht sicher, ob Churchill das wirklich jemals so gesagt hat. Tatsache ist: Es gibt viele blödsinnige oder verzerrte Statistiken. Und es gibt korrekte Statistiken, die falsch gelesen und gedeutet werden. Gerade in der Politik werden Zahlenreihen immer wieder eingesetzt, um – vermeintlich – zu belegen, was Politiker für richtig halten. Wer aber sagt, dass alle Statistiken Unsinn sind, der macht sich auf den Weg zurück in die Steinzeit. Denn er verzichtet darauf, wertvolle Informationen zu nutzen, die in vielen Statistiken stecken. Der Spruch sollte also besser lauten: Traue Statistiken – aber nur denen, die wirklich dazu gemacht worden sind, Orientierung zu geben.

Vergiss Sicherheit

Egal, ob man eine Entscheidung aus dem Bauch heraus trifft oder ob man den Kopf einsetzt, mit einem muss man sich dabei abfinden: Sicherheit, dass die Entscheidung die richtige ist, gibt es nie. Auch Erkenntnisse und Ratschläge, die im Allgemeinen gut und richtig sind, können im Einzelfall falsch sein. Der französische Spitzenmanager Christophe de Margerie hatte nichts von den Statistiken, die belegen, dass das Flugzeug das sicherste Verkehrsmittel ist. Er ist am 20.10.2014 gestorben, als sein Privatjet auf dem Moskauer Flughafen mit einem Schneepflug zusammenstieß.

Margerie hat die Entscheidung fürs Flugzeug wahrscheinlich vor allem getroffen, weil er möglichst schnell von Moskau nach Paris kommen wollte. Aber er hätte diese Entscheidung auch damit begründen können, dass es – statistisch gesehen – weniger gefährlich ist zu fliegen, als mit dem Zug zu fahren. Es ist gleichzeitig weniger gefährlich, den Zug zu nehmen als ein Auto. Was die statistische Sicherheit betrifft, hat Margerie also ganz klar die richtige Entscheidung getroffen. Trotzdem hätte er den 20.10.2014 wahrscheinlich überlebt, wenn er in den Zug gestiegen wäre statt ins Flugzeug. Von einem tödlichen Zugunglück auf der Strecke zwischen Moskau und Paris an diesem Tag ist nichts bekannt.

Oder ein anderes Beispiel: Wenn Tausende junge Menschen ohne besondere Risikofaktoren ständig ihre Haut auf Hautkrebs untersuchen lassen, bringt das insgesamt kaum etwas für ihre Gesundheit. Es kann aber sein, dass bei einem Einzelnen der Arzt einen gefährlichen Flecken frühzeitig erkennt, der später eine Krebserkrankung ausgelöst hätte. Die Aussage »Es ist Unsinn, wenn alle 17-Jährigen und auch alle 22-Jährigen dauernd zum Hautarzt laufen« ist richtig. Die Aussage »Es kann sein, dass ein Gang zum Arzt einem 17-Jährigen zufälligerweise das Leben rettet« ist ebenfalls richtig. Den scheinbaren Widerspruch muss man aushalten.

In der Mitte zwischen zwei Entscheidungen verhungert

Dass es keine Sicherheit gibt, die richtige Entscheidung zu treffen, darf freilich nicht dazu führen, dass man in Schockstarre verfällt. Es muss einem zwar nicht gleich so gehen wie in der Geschichte von »Buridans Esel«. In ihr wird von einem Tier erzählt, das sich nicht entscheiden kann zwischen zwei exakt gleich großen Heuhaufen, die exakt gleich weit entfernt sind. Der Esel verhungert in der Mitte. Denn es gelingt ihm nicht, die Entscheidung zu treffen: »Jetzt gehe ich zu dem einen Heuhaufen, auch wenn der andere genauso groß, lecker und weit entfernt ist.«

Was ist richtig, was ist falsch? Die Suche nach der vermeintlich perfekten Entscheidung kann nicht nur bei Eseln zu geistigen Verkrampfungen führen, sondern auch bei Menschen, von denen es ja heißt, sie seien klüger als die Grautiere. Verkrampft leben macht aber keine wirkliche Freude. Bewusst leben schon eher.

! Überlebenstipp 19:

Informationen sammeln. Lernen, wie man richtige Informationen sammelt. Aber auch erkennen, wann es Zeit ist, mit dem Informationensammeln aufzuhören. Wenn in einer Entscheidungssituation nicht klar ist, welche Wahl wirklich richtig ist, eine Münze werfen. Entweder weiß man schon beim Flug der Münze, welches Ergebnis man sich wünscht, also was man tatsächlich möchte. Was dann wohl auch richtig für einen ist. Oder spätestens, wenn die Münze einen zwingen würde, etwas zu tun, was einem eigentlich widerstrebt, weiß man: Diese Entscheidung will ich so nicht treffen.

Und darum geht es am Ende: Entscheidungen bewusst zu treffen. Nicht besinnungslos zu leben.

Weitere Infos unter: www.jugend-in-gefahr.de

Register

Nikolaus Nützel hat neben seiner Arbeit als Journalist bislang fünf Jugendsachbücher veröffentlicht. Er hat für seine Arbeit zahlreiche Medienpreise erhalten, darunter zwei Nominierungen zum Deutschen Jugendliteraturpreis und zweimal die Auszeichnung »Bestes Junior-Wissensbuch« des österreichischen Wissenschaftsministeriums.

Dr. Hannes Blankenfeld ist Facharzt für Allgemeinmedizin, Diabetologe und Master of Public Health. Als Lehrbeauftragter in den Fächern Public Health und Allgemeinmedizin hat er jahrelang an der Ludwig-Maximilians-Universität sowie der TU München gelehrt. Derzeit ist er als niedergelassener Hausarzt in München tätig und referiert regelmäßig über Themen aus dem Bereich Gesundheitsprävention und Früherkennung.

Weitere Bücher von Nikolaus Nützel bei cbj

Sprache oder Was den Mensch zum Menschen macht (978-3-570-30628-4)
7 Wege reich zu werden, 7 Wege arm zu werden (978-3-570-40213-9)
Ihr schafft mich! Wie andere ein Leben bestimmen (978-3-570-13847-2)